Histoires du soir pour RAMADAN

Trente Histoires pour Trente Nuits

Copyright

Auteur : Zainab Mohamed
Titre : Histoires du Soir pour Ramadan
© 2024, Zainab Mohamed
Tous droits réservés.

Aucune partie de cette publication ne peut être reproduite, enregistrée dans un système de récupération, stockée dans une base de données et/ou publiée sous quelque forme ou par quelque moyen que ce soit, électronique, mécanique, par photocopie, enregistrement ou autre, sans l'autorisation écrite préalable de l'éditeur.

TABLE DES MATIÈRES:

INTRODUCTION		07
CHAPITRE 01 :	Le Premier Ramadan de Leila	10
CHAPITRE 02 :	L'Histoire du Prophète Adam (AS)	15
CHAPITRE 03 :	L'Honnêteté	17
CHAPITRE 04 :	L'Histoire du Prophète Noé/Nuh (AS)	21
CHAPITRE 05 :	La Sympathie	23
CHAPITRE 06 :	L'Histoire du Prophète Abraham/Ibrahim (AS)	27
CHAPITRE 07 :	Honorer les Parents	30
CHAPITRE 08 :	L'Histoire du Prophète Joseph/Yusuf (AS)	33
CHAPITRE 09 :	La Patience	37
CHAPITRE 10 :	Hajar et le Puits de Zamzam	41
CHAPITRE 11 :	Demander la Permission	44
CHAPITRE 12 :	L'Histoire du Prophète Jonas/Yunus (AS)	48
CHAPITRE 13 :	L'Humilité	50
CHAPITRE 14 :	Une Bonne Parole	54
CHAPITRE 15 :	L'Histoire du Prophète Salomon/Sulayman (AS)	57
CHAPITRE 16 :	Les Compagnons de la Grotte (A Sahab al-Kahf)	60
CHAPITRE 17 :	L'Histoire du Prophète Jésus/'Issa (AS)	63
CHAPITRE 18 :	Le Respect des Personnes Âgées	66
CHAPITRE 19 :	La Coopération	70
CHAPITRE 20 :	La Nuit de la Destinée (Laylat al-Qadr)	73
CHAPITRE 21 :	Le Prophète Muhammad ﷺ (Première Partie)	76
CHAPITRE 22 :	Le Prophète Muhammad ﷺ (Deuxième Partie)	80

TABLE DES MATIÈRES:

CHAPITRE 23 : La Gentillesse envers les Autres 83
CHAPITRE 24 : Aimer sa Famille 86
CHAPITRE 25 : Ne Pas Se Moquer des Gens 89
CHAPITRE 26 : Dire In Cha Allah 93
CHAPITRE 27 : La Justice entre les Gens 96
CHAPITRE 28 : Apprendre à Partager 100
CHAPITRE 29 : Être un Bon Voisin 103
CHAPITRE 30 : L'Aïd Béni 106
CONCLUSION **109**

بسم الله الرحمن الرحيم

AU NOM D'ALLAH

INTRODUCTION

Depuis la nuit des temps, des récits se transmettent de génération en génération, afin de préserver l'Histoire et d'enseigner des leçons importantes à l'Humanité. Ces récits permettent de rendre ces enseignements plus vivants d'une part, mais ils sont également plus faciles à assimiler pour les enfants. La religion étant l'un des domaines les plus difficiles à enseigner à de jeunes enfants, le faire sous forme de récit rend cette tâche plus facile et agréable.

Le mois de Ramadan est une période particulière de l'année, pendant laquelle nous revivifions notre foi et améliorons notre pratique de l'Islam. C'est aussi un moment où les enfants prennent conscience des changements que cela engendre dans les habitudes quotidiennes, car nous modifions nos heures de repas et nous nous adonnons à des actes d'adoration supplémentaires. Impliquer nos enfants tout au long de ce mois les aide à se familiariser avec le jeûne, à renforcer leur attachement pour cette religion, à développer des liens au sein de la communauté musulmane locale, que ce soit lorsqu'ils font des aumônes, lorsqu'ils récitent le Coran ou lorsqu'ils se rendent à la mosquée pour la prière.

L'objectif de ce livre est d'aider les parents et toute personne qui a des enfants sous sa responsabilité à tirer le meilleur parti de ce mois béni. Composé de trente histoires, portant chacune sur un aspect spécifique de la religion, son but ultime est de favoriser le développement de l'identité musulmane chez les jeunes enfants. Les histoires sont simples à comprendre et sont basées sur des scénarios qui parlent aux enfants.

Nous vous recommandons de prendre connaissance vous-même de chaque histoire avant de les partager avec des enfants, puis d'en choisir une pour chacun des trente jours du mois de Ramadan. Ces histoires sont l'occasion pour les enfants de réfléchir et de se poser des questions, que ce soit au moment de se coucher ou pendant la journée. Même si elles sont principalement destinées à être lues le soir avant le coucher, les enseignants peuvent également les lire à haute voix à leurs élèves dans les écoles musulmanes.

Certaines de ces histoires relatent des événements déterminants de la vie des Prophètes (AS) et font référence aux miracles dont ils ont été dotés. D'autres informent les lecteurs sur les épreuves qu'ils ont traversées, en soulignant la fermeté de leur foi dans ces durs moments. D'autres récits mettent l'accent sur l'exemplarité du Prophète Muhammad ﷺ, et sur la bonté dont il fit preuve à l'égard des mécréants en dépit de leur hostilité. Enfin, certains permettent aux lecteurs de découvrir ou de mieux connaître certains des compagnons du Prophète (qu'Allah les agrée), dont la droiture constitue un modèle d'inspiration jusqu'à ce jour. Nul doute que de nombreux enseignements sont à tirer de ces histoires, qui permettront aux enfants d'en apprendre davantage sur la morale et le comportement irréprochables de notre bien-aimé Prophète bien aimé ﷺ et de ceux qui l'ont suivi. Enfin, certaines histoires s'articulent autour de contextes contemporains fictifs, dans lesquels les personnages mettent en avant les bons comportements que nous souhaiterions voir se développer chez nos enfants.

Le livre a été écrit avec une attention particulière, afin que les enfants puissent se reconnaître dans ces histoires. Celles-ci devraient stimuler leur curiosité et les inciter à poser des questions, afin de mieux comprendre le message contenu dans chaque histoire. Si ces messages sont plus facilement compréhensibles par des enfants de plus de cinq ans, les enfants plus jeunes peuvent toutefois visualiser les récits et être en mesure de les apprécier. Tenez-vous prêts cependant, car les questions de vos enfants risquent de faire ressurgir des souvenirs, des leçons et des expériences de votre propre enfance, que vous aviez enfouis il y a bien longtemps !

Profitez de ces moments précieux avec vos enfants, guidez-les vers le chemin de l'éducation et de la lumière de l'Islam, grâce à ce recueil vivant d'histoires pour chaque jour du Ramadan. Si Dieu le veut, vos enfants ne tarderont pas à découvrir et à se familiariser avec les valeurs essentielles de l'Islam exposées dans ce livre, qui s'appuie sur l'art ancien de la narration pour susciter leur intérêt et leur enthousiasme de manière simple mais efficace !

CHAPITRE
Un

LE PREMIER RAMADAN DE LEILA

« Maman, tu peux venir jouer à la poupée avec moi ? », demanda Leila, six ans.

« Pas maintenant, ma chérie. Je suis occupée en ce moment », répondit sa mère, qui s'empressait de terminer son ménage avant l'arrivée de ses invités.

Leila se rendit alors dans la chambre de son frère. Elle frappa à sa porte et l'ouvrit, et le trouva assis devant son ordinateur.

« Ahmed ? Tu peux venir jouer avec moi ? ».

« Désolé, p'tite sœur, mais je dois terminer ce que j'ai à faire au plus vite. C'est bientôt le Ramadan, et je veux pouvoir me concentrer dessus une fois qu'il aura commencé », lui expliqua Ahmed, le regard de nouveau tourné vers son ordinateur portable.

Leila se traîna jusqu'à sa chambre, triste et confuse. Personne ne voulait jouer avec elle, et elle ne comprenait pas pourquoi. Pourquoi tout le monde était-il si occupé à nettoyer et à travailler ? Qu'est-ce que le Ramadan avait à voir là-dedans et pourquoi fallait-il que tout soit terminé avant qu'il ne débute ? se demandait-elle.

L'heure du dîner arriva et Leila n'était pas dans les parages. Sa mère l'appela plusieurs fois, sans succès, avant de partir à sa recherche. Elle la trouva assise sur son lit, les bras croisés et l'air grincheux.

« Personne ne veut jouer avec moi ou me dire ce qu'est le Ramadan », dit-elle tristement.

« Oh, ma chérie ! », dit la mère de Leila en s'asseyant près d'elle et en la prenant sur ses genoux. « Tu sais que les Musulmans font certaines choses pour obtenir la récompense d'Allah ? ».

« Oui, je sais ! Comme lorsque nous faisons la prière ou que nous sommes gentils pour pouvoir aller au Paradis ! », répondit Leila.

« Oui, exactement. Et donc, pendant le mois de Ramadan, nous jeûnons toute la journée, du lever au coucher du soleil. Tu sais ce que ça veut dire jeûner ? ».

« Non ! », dit Leila, son petit nez frémissant d'intérêt.

« Jeûner veut dire ne plus faire certaines choses. Nous arrêtons de manger et de boire et nous évitons de faire les mauvaises choses qu'Allah n'aime pas ».

« Tu veux dire qu'on ne mange plus du tout ? », demanda Leila, les yeux écarquillés de surprise.

« Nous pouvons manger avant la prière de l'aube, et ce repas s'appelle suhur. Puis, lorsque nous entendons l'appel à la prière au moment du coucher du soleil, nous rompons le jeûne et prenons un repas qu'on appelle l'iftar. Mais nous ne devons rien manger ou boire entre ces deux repas ».

« Mais pourquoi ? », demanda Leila, confuse. « Il y a à manger à la maison, non ? ».

« Mais oui, ma chérie », répondit la mère de Leila en riant doucement. « Nous avons largement de quoi manger, al hamdulillah. Mais lorsque nous ne mangeons pas pendant plusieurs heures, cela nous aide à comprendre ce que ressentent les gens qui n'ont pas à manger. Le Ramadan nous apprend à être gentils avec les pauvres et les autres personnes qui n'ont pas la même chance que nous ! ».

« Alors, c'est ça le Ramadan ? Juste manger et boire moins ? », demanda Leila innocemment.

« Non, il n'y a pas que ça, ma chérie », dit le père de Leila en entrant dans la pièce. « Tu vois, le Ramadan est comme un maître d'école. Ce mois béni nous apprend beaucoup de choses. Nous donnons plus d'argent aux pauvres et à ceux qui en ont besoin. Nous essayons d'être patients les uns envers les autres, et nous faisons aussi plus de prières. Plus nous faisons de bonnes actions et plus nous sommes gentils chaque jour, et plus Allah nous récompense ».

« Mais moi je dors pendant le suhur, ce n'est pas juste ! Est-ce que j'ai le droit de me lever aussi pour le suhur ? », demanda Leila en sautillant comme une puce.

« Bien sûr, ma chérie », dit le père de Leila en embrassant sa fille sur la tête. La famille dîna ensemble, puis Leila alla au lit, encore tout excitée.

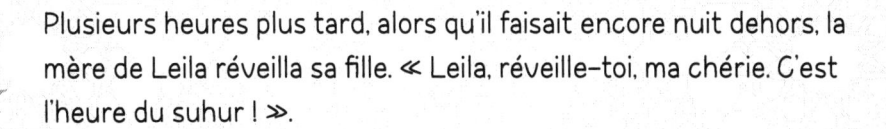

Plusieurs heures plus tard, alors qu'il faisait encore nuit dehors, la mère de Leila réveilla sa fille. « Leila, réveille-toi, ma chérie. C'est l'heure du suhur ! ».

Leila se leva dès qu'elle entendit la voix de sa mère. Elle était tellement excitée qu'elle n'avait presque pas dormi de la nuit.

Elle s'installa ensuite à table avec le reste de sa famille. Elle n'avait pas très faim, mais sa mère l'encouragea à manger quelques dattes et un petit bol de céréales, et elle lui demanda de prendre un verre d'eau pour ne pas avoir soif et avoir suffisamment d'énergie pour tenir la journée.

Elle suivit ensuite sa famille lors de la prière du Fajr, puis retourna au lit.

Lorsqu'elle se réveilla quelques heures plus tard, elle avait déjà faim ! Elle se rendit dans la cuisine, où elle trouva son frère.

« Ahmed, j'ai faim ! », dit Leila en posant ses mains sur ses yeux pour cacher son visage, avant que son ventre ne se mette à gargouiller.

Ahmed se mit à rire, et retira les mains de Leila de son visage pour pouvoir la regarder dans les yeux. « Ce n'est pas grave, p'tite sœur ! Tu pourras jeûner toute la journée quand tu auras mon âge. Pour le moment, tu peux manger si tu as faim ».

Leila resta aux côtés de sa mère toute la journée, essayant de l'aider du mieux qu'elle pouvait. Plus tard dans la soirée, elle prit quelques-uns de ses jouets préférés qu'elle plaça dans un grand sac, avant d'aller trouver son père. « Papa, on pourrait donner mes jouets à des enfants qui n'en ont pas ? », demanda-t-elle. « Puisque je ne peux pas jeûner toute la journée, je peux au moins faire ça, hein ? ». Son père la prit dans ses bras et l'accompagna dans un foyer pour enfants, où elle distribua ses jouets aux enfants qui y vivaient.

À l'heure de l'iftar, tout le monde rompit son jeûne en mangeant une datte. « Baba, pourquoi vous mangez tous des dattes ? ».

« C'est une Sunna. Tu sais ce que c'est une Sunna, ma fille ? ».

« Oui, c'est faire comme le Prophète Muhammad, et Allah nous récompense pour ça ! », répondit Leila avec un grand sourire.

« Tu as tout compris », dit le père de Leila en se levant de table. « Allez, c'est l'heure de la prière du Maghrib ».

Plus tard dans la soirée, Leila regagna sa chambre, accompagnée de sa mère. Elle était épuisée mais ravie. « Maman, c'était la meilleure journée de ma vie ! Est-ce qu'on peut faire le Ramadan tous les jours ? »

« Le mois vient juste de commencer, nous avons encore du temps devant nous », répondit la mère de Leila en riant. « Mais si nous faisons du bien pendant le Ramadan, c'est pour nous habituer à faire du bien tout au long de l'année. C'est pour ça qu'on prie plus, qu'on lit plus souvent le Coran, et qu'on donne plus d'argent aux pauvres. Mais il ne faut pas non plus oublier d'être gentil et patient avec les gens. Allah aime les gens qui font comme le Prophète Muhammad, salla Allahou alayhi wa salam ».

CHAPITRE
Deux

L'HISTOIRE DU PROPHÈTE ADAM (AS)

L'histoire d'Adam (AS) relate les débuts de l'humanité.

Allah (SWT) a créé le premier homme, Adam (AS), à partir d'argile. Après avoir créé Adam (AS), Allah (SWT) lui a donné la vie et l'a honoré. Il a honoré Adam (AS) en demandant aux anges de se prosterner devant lui. C'est à ce moment qu'Iblis se rebella et désobéit à Allah (SWT), en refusant de se prosterner devant Adam (AS).

Adam (AS) fut le premier être humain à dire Salam ! Salam est une salutation de paix, qui est désormais prononcée par les Musulmans du monde entier, où qu'ils vivent et quelle que soit la langue qu'ils parlent. Adam (AS) a dit : As salamu 'aleykoum [que la paix soit avec vous] à une assemblée d'anges, qui lui ont répondu : « Wa'aleykoum salam wa rahmatullahi wa barakatuhu [Et que la paix soit avec vous aussi, ainsi que la miséricorde et les bénédictions d'Allah]. C'est ainsi que les Musulmans de l'univers ont été unis, à jamais !

Allah (SWT) a créé Hawwa (Ève) comme épouse d'Adam (AS), et les deux vécurent ensemble au Paradis. Au Paradis, ils jouissaient de tous les bienfaits possibles et imaginables. Allah (SWT) leur avait interdit préalablement de manger des fruits d'un certain arbre, mais Iblis, déterminé à détourner Adam (AS) et Hawwa du sentier d'Allah, réussit à les duper, et c'est ainsi qu'ils se rendirent près de cet arbre et qu'ils goûtèrent au fruit défendu.

À la suite de cela, Allah (SWT) bannit Adam (AS) et Hawwa du Paradis. Dépité, Adam implora alors Allah (SWT) de lui pardonner, et Allah lui pardonna.

Adam (AS) fut le premier être humain sur Terre et le premier d'une longue lignée de Prophètes. Il a prêché la parole d'Allah (SWT) tout au long de sa vie.

La leçon que nous pouvons tirer de l'histoire d'Adam (AS) est que nous devons demander pardon à Allah (SWT) chaque fois que nous commettons des erreurs. C'est Lui le Détenteur de l'Abondante Grâce et le plus Miséricordieux !

CHAPITRE
Trois

L'HONNÊTETÉ

Il était tôt, par une fraîche journée d'hiver. Farès regarda par la fenêtre et vit la neige fraîche scintiller au soleil. « Farès, tu t'es brossé les dents ? » lui demanda sa mère. « Dépêche-toi, sinon tu vas rater ton bus ! ».

« J'arrive, maman ! » répondit Farès en haussant la voix pour se faire entendre.

Il avala rapidement son bol de lait et un œuf dur, prit son sac et se précipita dehors avant de revenir un instant plus tard. Il avait oublié son écharpe, comme d'habitude ! Il entra dans le bus chauffé, et s'installa à côté de son meilleur ami, Moussa. Les deux garçons discutèrent du dernier jeu vidéo, qui occupait une bonne partie de leur temps. Alors que Farès s'apprêta à descendre du bus, un garçon de grande taille nommé Haris tendit son pied.

Farès trébucha et atterrit sur le trottoir, s'écorchant le coude au passage. Il était très énervé. Moussa s'empressa d'aider Farès à se relever et put voir la colère sur le visage de son ami. Farès dit : « Il me fait tout le temps le coup ! Qu'est-ce que je lui ai fait ? ».

Moussa répondit : « Je sais, mais laisse tomber. Nous sommes en retard pour le cours ». Farès se rendit dans la salle de classe en trainant les pieds.

Pendant tout le cours, il fut tiraillé par cette douleur au coude. Il était toujours très remonté à cause de ce qui venait de se passer, et il n'avait même pas la force de rire aux blagues de Moussa. Oui, il était furieux !

Pendant la récréation, Farès et ses amis jouèrent au football et les élèves plus âgés, installés sur les escaliers, se moquaient des plus jeunes. Une fois la récréation terminée, ils rentrèrent à l'intérieur. Farès aperçut ce grand garçon, Haris, et il n'avait qu'une idée : se venger. Alors, il tendit son pied à son tour et fit trébucher Haris. La chute fut violente, beaucoup plus violente que Farès ne l'imaginait. En effet, Haris avait glissé sur une plaque de glace et s'était cogné la tête. Il saignait du front.

Mme Qasim, l'enseignante de la classe, se précipita pour venir en aide à Haris. Elle aida le garçon à se relever et l'accompagna à l'infirmerie de l'école.

Farès et Moussa retournèrent ensuite en classe. Farès se sentait mal. Il n'avait pas eu l'intention de faire autant de mal à Haris, et il était confus. Lorsque Mme Qasim revint, elle avait le visage fermé. Elle ne souriait pas. Elle se tourna vers la classe, prit un ton sérieux et dit : « Haris va bien, mais il s'est fait très mal. Quelqu'un peut-il me dire ce qui s'est passé ? ».

Farès avait peur. Ses mains tremblaient et il se sentait mal à l'aise. Moussa regardait Farès discrètement, mais celui-ci resta silencieux. La cloche se mit à sonner, il était temps de rentrer à la maison.

Ce soir-là, Farès resta presque muet à table. Sa mère lui demanda : « Farès, tout va bien ? ».

« Oui, maman », répondit-il. « Je n'ai pas faim. Est-ce que je peux me lever de table ? ».

« Bien sûr ! », répondit la mère, qui semblait encore plus inquiète. Farès regagna sa chambre pour se mettre au lit, mais il se sentait très mal. Il se sentait mal d'avoir blessé Haris, et il se sentait mal de ne pas avoir dit la vérité à son professeur. Et maintenant, il n'arrivait pas à dormir.

Le père de Farès frappa à la porte et entra dans la chambre. Il s'assit sur le lit près de Farès et lui demanda : « Qu'est-ce qu'il y a, mon fils ? ». Farès se redressa, serra son père dans ses bras et se mit à sangloter pendant quelques instants. Après avoir retrouvé son calme, il raconta à son père ce qui s'était passé.

« Mon fils, quand on cache la vérité, on ne se sent pas bien. Tu devrais aller voir ton professeur demain et lui dire toute la vérité. Elle comprendra et tu te sentiras mieux. Rappelle-toi que notre Prophète, salla Allahou alayhi wa salam, était toujours honnête, et qu'il ne mentait jamais ».

Le lendemain, Farès alla voir son professeur pour lui raconter ce qui s'était passé. Mme Qasim fut satisfaite du comportement de Farès et de son honnêteté. Puis, Farès alla voir Haris pour s'excuser. « Haris, je suis vraiment désolé pour ce que j'ai fait », dit Farès. « Je n'aurais jamais dû faire ça. J'ai eu tort, et j'espère que tu vas mieux ».

Haris répondit : « C'est moi qui devrais m'excuser, Farès, pour toutes les fois où je t'ai fait tomber. Je dirai à Mme Qasim que c'est moi qui ai commencé ».

Farès répondit : « Eh bien, soyons amis maintenant et oublions ! ».

Allah (SWT) aime les gens honnêtes. Grâce à son honnêteté, Farès s'est fait un nouvel ami formidable ! Il a également appris que l'honnêteté était toujours récompensée et qu'elle permettait de mieux de sentir dans sa peau.

CHAPITRE
Quatre

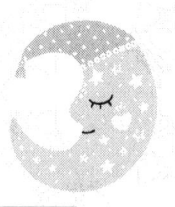

L'HISTOIRE DU PROPHÈTE NOÉ/NUH (AS)

Le Prophète Nuh (AS) était l'un des Prophètes et Messagers d'Allah (SWT). Il fut envoyé dans une contrée où les gens croyaient en plusieurs dieux, et non pas en un Dieu unique. Ils fabriquaient des statues de leurs propres mains, qu'ils adoraient comme des idoles. Nuh (AS) passa de nombreuses années à essayer d'expliquer à son peuple qu'il n'y avait qu'un seul Dieu, Allah (SWT), et qu'Il était le seul digne d'être adoré, mais la plupart d'entre eux refusaient de croire à cela. Ils se moquaient de lui constamment, et seules quelques personnes humbles crurent à son message et le suivirent. Même après avoir passé plusieurs centaines d'années à prêcher, Nuh (AS) ne fut suivi que par une poignée de personnes dans le chemin de la vérité.

Nuh (AS) ne cessa de prier Allah (SWT) pour obtenir de l'aide. Au bout d'un certain temps, Allah (SWT) ordonna à Nuh (AS) de construire un bateau, ce qu'il fit. Les gens qui refusaient de croire à son message le prenaient pour un illuminé, car ils vivaient sur la terre ferme et il n'y avait pas d'eau à proximité !

Mais Nuh (AS) savait que d'énormes quantités d'eau allaient bientôt se déverser pour punir ceux qui ne croyaient pas en Allah (SWT), le Dieu unique, alors il ignora leurs railleries et travailla d'arrache-pied pour terminer la construction de l'arche.

Lorsque le bateau fut enfin construit, Allah (SWT) demanda à Nuh (AS) de rassembler plusieurs couples d'animaux avec lui sur le bateau, ainsi que tous les gens qui croyaient en Allah (SWT). Lorsqu'ils furent prêts, les animaux prirent place l'un après l'autre sur l'arche.

Une fois qu'ils furent tous en sécurité sur le bateau, la pluie commença à tomber lentement. Puis des nuages noirs et épais se formèrent, et la bruine se transforma soudainement en orages et en pluie torrentielle. Le vent soufflait de toutes parts et le ciel s'assombrit. On pouvait apercevoir des masses d'eau à perte de vue – d'énormes vagues ! En même temps que la pluie tombait du ciel, la terre se fendit et de l'eau en jaillit. L'eau ne cessait de monter, jusqu'à ce que les arbres et les montagnes furent recouverts sous le déluge. Tous les gens qui étaient restés sur la terre ferme, en refusant de suivre Nuh, furent ainsi noyés.

Le bateau vogua en toute sécurité, mais les croyants qui s'y trouvaient furent saisis de peur. Le tonnerre grondait, les vents étaient violents, et l'eau déferlait de toutes parts. Mais Nuh (AS) resta ferme dans sa foi et pria Allah (SWT) de les aider – lui ainsi que ceux qui l'avaient suivi – à traverser cette épreuve.

Une fois que le dernier de ces gens fut noyé, Allah (SWT) ordonna au ciel de retenir sa pluie, puis la terre se fendit à nouveau pour engloutir toute cette eau. La pluie cessa et les nuages se dissipèrent. Les montagnes redevinrent visibles et le bateau se stabilisa au sommet d'une montagne. Les animaux, puis les gens, sortirent tour à tour, soulagés d'être encore en vie et reconnaissants envers Allah (SWT) pour Son immense Miséricorde.

CHAPITRE
Cinq
LA SYMPATHIE

Tout le monde était assis à table lorsque Ehsan engagea la conversation.

« Il y a un nouveau dans ma classe. Il s'appelle Shu'ayb ».

« Ah bon ? », demanda la mère d'Ehsan, surprise. « Il est arrivé en plein milieu de l'année scolaire ? ».

Ehsan haussa les épaules. « Notre professeur nous a dit que lui et sa famille avaient déménagé d'une autre ville ».

« Il t'a dit pourquoi ? », demanda le père d'Ehsan.

« Pas vraiment ! Mais il a l'air bizarre », marmonna Ehsan.

« Pourquoi dis-tu cela, alors que tu le connais à peine ? », le reprit sa mère.

« Si vous le voyiez en classe, vous diriez la même chose ! », répondit Ehsan.

« D'accord, alors dis-nous ce qu'il y a de si bizarre chez lui », dit le père, en essayant de dissimuler sa curiosité.

Ehsan réfléchit un instant et dit : « Tout d'abord, il ne sait même pas lire correctement. Il est très désordonné et il ne veut pas jouer avec les autres enfants. Certains disent qu'il est bête ».

Alors que le père réfléchissait à une réponse appropriée, la mère dit : « Parfois, les gens ont des difficultés avec certaines choses, et ils ont juste besoin d'une autre personne pour les écouter et les aider. Tu trouves que c'est bien d'être méchant avec quelqu'un qui a des difficultés pour apprendre et qui a du mal à parler aux ? ».

Elle jeta un coup d'œil autour de la table avant de poursuivre. « Et si tu étais à sa place, hein ? », demanda-t-elle à Ehsan avec insistance. « Comment te sentirais-tu si les gens disaient la même chose de toi ? ».

Ehsan baissa les yeux de honte et dit : « Je m'excuse pour ce que j'ai dit. Je vais essayer d'être ami avec lui s'il veut bien ».

« C'est une très bonne idée », dit le père, ravi. « Quand on sympathise avec les gens et qu'on essaie de les comprendre, ils se sentent plus à l'aise. Shu'ayb est nouveau dans ta classe, alors essaie de faire de ton mieux pour qu'il se sente le bienvenu ».

Le lendemain, à l'école, Ehsan attendit l'heure du déjeuner pour rencontrer Shu'ayb. « As-salamu 'alaykum », lui dit-il. « Je m'appelle Ehsan ».

Shu'ayb le regarda avec méfiance, sans lui répondre.

« Ne t'inquiète pas, je ne veux pas t'embêter ou quoi que ce soit. Je voulais juste te parler. Peut-être que nous pourrions devenir amis ».

De nouveau, le silence.

Ehsan fut sur le point de renoncer et de s'en aller, lorsque Shu'ayb ouvrit la bouche pour lui parler, non sans mal. « Pourquoi veux-tu être mon ami ? », lui demanda-t-il.

« Ben... parce que tu es nouveau, et j'ai pensé que tu aurais peut-être besoin d'un ami », répondit Ehsan en souriant.

« Je sais que certains camarades de classe pensent que je suis bizarre et bête. Ils ne veulent pas jouer avec moi ou même me parler ».

Ehsan se sentit un peu coupable. « Je suis sûr qu'ils changeront d'avis quand ils te connaîtront », répondit-il.

Shu'ayb le regard, de la tristesse dans ses yeux. « Je ne suis pas bête, d'ailleurs. Je suis juste dyslexique ».

« Qu'est-ce que ça veut dire ? », demanda Ehsan, confus.

« C'est un trouble de l'apprentissage. J'ai du mal à reconnaître les lettres, et c'est donc difficile pour moi de lire et d'écrire. Des fois, j'ai du mal à comprendre ce que dit le professeur ».

« Je suis vraiment désolé, cela ne doit pas être facile pour toi tous les jours », dit Ehsan, sincèrement navré.

Shu'ayb haussa les épaules. « J'ai l'habitude. Nous déménageons souvent à cause du travail de mon père. Pendant longtemps, je ne savais pas ce que j'avais. Nous avons finalement trouvé la solution il y a quelques mois, et maintenant je me fais aider pour surmonter mes difficultés ».

« Si tu veux, on pourrait travailler ensemble de temps en temps, et je pourrais peut-être t'aider aussi », proposa Ehsan.

Shu'ayb sourit. « J'aimerais bien, oui » dit-il, les yeux emplis de bonheur.

Ce soir-là, Ehsan rentra chez lui et raconta à sa mère ce qui s'était passé à l'heure du déjeuner. « Maman, notre din nous enseigne d'être gentils avec les gens. Nous devons toujours aller vers eux, sans les juger ni nous moquer d'eux. J'ai mal réagi, et je me sens vraiment mal. Je suis désolé ! ».

« L'important, c'est que tu te sois souvenu que tu dois être gentil quoi qu'il arrive », dit la mère, avec un sourire éploré. « En tant que Musulmans, nous devons toujours chercher à corriger nos défauts et nos erreurs. C'est un cadeau qu'Allah nous fait lorsque nous sommes capables de montrer de la sympathie et de la compréhension pour les difficultés des autres, car c'est ce qui nous permet de les aider et de les soutenir. Je suis très fière de toi, car tu as bien réagi en te corrigeant ».

Ehsan acquiesça et se promit de faire mieux la prochaine fois.

CHAPITRE
Six

L'HISTOIRE DU PROPHÈTE ABRAHAM/IBRAHIM (AS)

Le Prophète Ibrahim (AS) était l'un des Prophètes les plus aimés d'Allah (SWT). Lorsqu'il était jeune, tout le monde autour de lui adorait des idoles. Ibrahim (AS) était un petit garçon très intelligent. Il trouvait très étrange que les gens construisent des idoles de leurs propres mains, pour ensuite les adorer comme des dieux. Si ces soi-disant « dieux » avaient besoin des mains des Hommes pour les façonner, cela voulait-il dire que les Hommes étaient plus forts qu'Allah (SWT) ? Il trouvait cela très étrange et déroutant.

Un jour, Ibrahim (AS) se mit en tête de découvrir par lui-même qui était vraiment Allah. En voyant les étoiles scintiller la nuit dans le ciel, il se dit qu'elles devaient être Allah. Mais comme elles disparaissaient au lever du soleil, il en conclut que ce ne pouvait pas être Allah.

Lorsque la nuit se mit à tomber à nouveau les jours suivants et qu'il vit la lune, Ibrahim (AS) la trouva si belle qu'il se dit que cela devait être Allah. Mais le matin venu, la lune avait disparu, tout comme les étoiles les jours précédents. Aussi, il se dit que quelque chose qui avait disparu le matin ne pouvait certainement pas être Allah. Il se mit alors en tête que cela devait être le soleil, mais comme celui-ci disparaissait la nuit, il en arriva à la même conclusion !

Ibrahim (AS) finit alors par se dire qu'Allah ne pouvait pas être aperçu ; il devait croire en Lui sans Le voir. Allah (SWT) était justement Celui Qui avait créé les étoiles, la lune et le soleil. Si ces astres étaient si magnifiques, que devait-il en être de Celui Qui les avait créés ?

Un jour, alors que les hommes du village s'étaient absentés, Ibrahim (AS) prit une hache et se mit à détruire toutes les idoles qu'ils avaient fabriquées, à l'exception de la plus grande, entre les mains de laquelle il plaça la hache.

À leur retour, les gens furent choqués et déboussolés. Ils demandèrent à Ibrahim (AS) ce qui s'était passé. Ibrahim leur répondit de poser la question à l'idole qui tenait la hache entre ses mains.

Le père d'Ibrahim fut furieux. « Tu sais très bien qu'elle ne peut pas parler », dit-il à son fils.

Ibrahim (AS) lui demanda : « Si elle ne peut ni parler ni faire quoi que ce soit pour elle-même, pourquoi l'adorez-vous alors ? ».

Les gens étaient très en colère et décidèrent qu'Ibrahim (AS) devrait être puni. Ils allumèrent donc un énorme feu dans lequel ils jetèrent Ibrahim (AS) !

Ibrahim (AS), qui savait qu'Allah (SWT) était avec lui, resta ferme et inébranlable devant cette épreuve.

Allah (SWT) protège ceux qui croient en Lui – et ainsi, le feu ne brûla pas Ibrahim ! Allah (SWT) avait en effet ordonné au feu de se refroidir pour lui. Ibrahim resta ainsi dans le feu pendant de nombreux jours, jusqu'à ce qu'il se consume complètement, puis il en sortit, à la grande surprise des mécréants.

À la suite de cela, beaucoup de gens commencèrent à suivre les enseignements d'Ibrahim (AS) et comprirent qu'ils ne devaient plus adorer leurs idoles mais Allah (SWT) seul. Ibrahim (AS) quitta ensuite le pays pour se rendre dans différents endroits, où il prêcha la vérité et l'existence d'un Dieu unique, Allah (SWT). Plus tard, Allah (SWT) combla Ibrahim (AS) d'un bienfait, en lui donnant un fils nommé Isma'il (AS). Lui aussi devint un Prophète d'Allah (SWT), et ils passèrent toute leur existence dans l'adoration d'Allah (SWT).

CHAPITRE
Sept

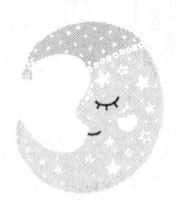

HONORER LES PARENTS

C'était la Journée des Parents à l'école, et les festivités battaient leur plein. Les enseignants s'affairaient pour s'assurer que tous les élèves qui jouaient dans la pièce de théâtre soient prêts à montrer leurs talents de comédien. De nombreux et beaux projets artistiques étaient également exposés dans les salles de classe et les couloirs.

Mme Yasmin, la professeure d'arts plastiques, surveillait chaque détail de l'événement et rien ne lui échappait. Elle aida ainsi une enfant à refaire sa queue de cheval, rappela à une autre de rentrer son chemisier, et ajusta enfin certains présentoirs en désordre.

Elle se dirigea ensuite vers la scène, lorsqu'elle aperçut le petit Yasir, assis sur le côté, la tête baissée, presque caché derrière les accessoires qui se trouvaient devant lui. Elle s'apprêta à poursuivre son chemin, mais quelque chose la fit s'arrêter. C'étaient les larmes du petit garçon qui coulaient sur ses joues.

Le cœur serré, elle s'agenouilla à côté de lui et lui dit : « Qu'est-ce qui se passe, mon chéri ? Pourquoi es-tu assis ici tout seul ? ».

Yasir répondit : « Salam, Mme Yasmin », puis il se leva rapidement et essuya les larmes sur son visage.

« Wa 'aleykum salam ! Est-ce que tu vas bien, mon petit bonhomme ? », demanda Mme Yasmin.

« Oui, je vais bien », répond-il en marmonnant.

« C'est à cause de la pièce ? Si tu es nerveux par rapport à ton texte, je peux t'aider à le répéter si tu veux », lui proposa-t-elle.

« Non, je connais mes répliques par cœur », répondit-il.

« D'accord ! Je vais juste vérifier les lumières et les costumes dans l'arrière-salle. Tes parents sont déjà là ? ».

Cette question fit l'effet d'une bombe. Yasir commença à sangloter, sans pouvoir s'arrêter.

Mme Yasmin le serra fort dans ses bras jusqu'à ce qu'il trouve enfin la force de parler. « Mes parents... sont morts il y a longtemps... dans un accident de voiture... quand j'étais encore petit », répondit-il doucement.

Mme Yasmin sentit l'émotion la gagner. Elle se racla la gorge et dit : « Oh, mon chéri ! Je suis vraiment désolée, je ne savais pas. Inna li-llahi wa-inna ilayhi raji'un. Qu'Allah bénisse tes parents en leur accordant les plus hauts degrés du Paradis. Tu aurais dû m'en parler ! Tu n'étais pas obligé de participer à cette activité, tu sais. Je suis tellement triste que tu te sentes si mal ».

« Non, ça va », répondit courageusement Yasir. « En fait, je vais bien. C'était il y a longtemps, et ce n'est pas ça qui me rend triste ».

« D'accord, alors, qu'est-ce que c'est ? », demanda Mme Yasmin en serrant la main de Yasir dans la sienne.

« Vous avez dit tout à l'heure que la Journée des Parents, c'était pour que nos parents soient fiers de nous, et je ne peux pas les rendre fiers car ils ne sont plus là », dit Yasir, le menton vacillant légèrement.

« Ne dis pas ça, mon chéri. Tu te trompes. Il y a tant de façons d'honorer ses parents et de les rendre fiers, même s'ils ne sont plus en vie ! ».

« Ah bon ? », questionna Yasir, une lueur d'espoir dans les yeux.

« Oui, bien sûr ! Tu peux honorer tes parents en faisant toutes les bonnes choses qu'ils t'ont apprises ! Ils seront alors très fiers de toi. Sais-tu que tes parents sont récompensés chaque fois que tu fais quelque chose de bien qu'ils t'ont appris ? Imagine toutes les récompenses qu'ils recevront chaque fois que tu prieras, que tu seras gentil avec quelqu'un ou que tu suivras la Sunna. Prie Allah pour qu'Il leur accorde Sa miséricorde et Ses bénédictions, et ils seront surpris et heureux de voir toutes les récompenses qu'ils ont gagnées grâce à toi le Jour du Jugement ! ».

« C'est génial alors ! », dit Yasir, rayonnant de joie. « Jazaku Allah khayr, Mme Yasmin », ajouta-t-il en la serrant fort dans ses bras.

Elle garda son étreinte quelques secondes et remercia Allah (SWT) d'avoir mis un tel élève sur son chemin.

CHAPITRE
Huit

L'HISTOIRE DU PROPHÈTE JOSEPH/YUSUF (AS)

Yusuf (AS) était un Prophète d'Allah (SWT) et l'un des plus beaux hommes qui n'ait jamais existé sur Terre.

Il descendait d'une lignée de prophètes, dont le premier était Ibrahim (son arrière-grand-père, AS), suivi de Isaac (son grand-père, AS), puis Yaqub (son père, AS). Il était fort, beau et vertueux. Il avait onze frères, dont l'un s'appelait Benjamin. Yaqub aimait tous ses enfants, mais Yusuf et Benjamin avaient une place particulière dans son cœur.

Un jour, alors que Yusuf (AS) était encore un jeune garçon, il rêva que le soleil, la lune et onze étoiles se prosternaient devant lui. Il raconta immédiatement son rêve à son père. En entendant cela, Yaqub comprit que son fils deviendrait prophète un jour, mais il le mit en garde contre le fait d'en parler à ses frères, car cela susciterait de l'envie en eux.

Les frères de Yusuf étaient déjà très jaloux de lui, alors qu'ils n'avaient même pas connaissance de ce rêve. Un jour, ils se mirent en tête de se débarrasser de lui et décidèrent qu'ils le jetteraient dans un puits. Ils allèrent donc voir leur père pour lui demander si Yusuf pouvait les accompagner pour jouer avec eux. Yaqub était opposé à cette idée, en raison des loups qui chassaient les moutons dans la région, mais il finit par céder devant l'insistance de ses fils.

Les frères accompagnés du petit Yusuf se mirent en route dans la forêt, et une fois loin des regards, ils jetèrent Yusuf dans le puits. Ils avaient pris le soin de déchirer sa tunique et d'égorger un mouton, pour imbiber la tunique de Yusuf du sang du mouton. Ils rentrèrent ensuite à la maison en pleurant, en disant à leur père qu'un loup avait dévoré leur frère Yusuf pendant qu'ils jouaient, lui montrant la chemise tachée de sang en guise de preuve.

Yaqub devint très triste ; cependant, il était persuadé au fond de lui que son fils Yusuf était toujours vivant, et que ses autres fils lui avaient menti. Il pria Allah (SWT) d'aider Yusuf (AS) où qu'il soit, et de ne pas l'abandonner lui dans son chagrin et dans son désespoir.

Yusuf (AS) se retrouva ainsi seul, apeuré au fond du puits. Cependant, par la volonté d'Allah, une caravane de marchands qui passait par là ne tarda pas à s'arrêter pour se ravitailler en eau. Les marchands trouvèrent ainsi Yusuf (AS) dans le puits et décidèrent de le prendre avec eux pour le vendre comme esclave. Quelque temps plus tard, un homme fortuné acheta Yusuf (AS) aux marchands, et le prit avec lui dans son palais, où il s'occupa de lui avec la plus grande attention.

Les années passèrent et Yusuf (AS) grandit, pour devenir le plus bel homme que l'on n'ait jamais vu. La maîtresse de maison voulut le séduire et lui faire commettre un péché, un grand péché qui déplairait beaucoup à Allah (SWT). Yusuf (AS) refusa la proposition de cette femme, ce qui la mit en colère. Pour se venger de lui, elle le bannit du palais et le fit envoyer en prison. Yusuf (AS) resta ainsi enfermé dans une cellule pendant de nombreuses années, où il parla aux gens d'Allah (SWT). Yusuf avait appris à interpréter les rêves, c'était l'un des bienfaits qu'Allah lui avait accordés.

Un jour, le roi eut besoin de connaître la signification d'un rêve et fit appeler Yusuf (AS) pour l'aider à l'interpréter. Yusuf expliqua au roi que son rêve signifiait qu'ils auraient une abondance de nourriture pendant sept ans, avant de connaître sept années de famine, et qu'ils devraient donc essayer de faire un maximum de provisions pendant les sept années d'abondance.

Le roi fut très étonné d'entendre cela. Il fit alors sortir Yusuf (AS) de prison et le chargea de la gestions des stocks de nourriture.

Plusieurs années plus tard, alors que Yusuf (AS) distribuait de la nourriture aux nécessiteux, ses propres frères se présentèrent au palais pour réclamer leur part. Yusuf (AS) reconnut Benjamin, et l'incita à rester à ses côtés, en lui dévoilant qui il était réellement, à savoir son frère Yusuf. Les autres frères de Yusuf ne l'avaient pas reconnu, et ils retournèrent auprès de leur père, qui s'affligea une fois de plus de voir qu'ils étaient revenus sans Benjamin. Yaqub pleura tellement qu'il en perdit la vue.

Par la suite, les frères retournèrent auprès de Yusuf (AS) pour le supplier de leur rendre leur frère benjamin. C'est à ce moment-là que Yusuf leur révéla qui il était, et ils furent à la fois choqués et confus de le voir non seulement vivant, mais également à ce poste d'intendant du palais. Ils supplièrent alors Yusuf de leur pardonner, et Yusuf leur pardonna.

Plus tard, Yaqub (AS) se rendit en Égypte avec le reste de sa famille, et tous furent très heureux de retrouver Yusuf (AS) vivant et en bonne santé. Ils se prosternèrent devant lui, confirmant la vision qu'il avait eue dans son rêve plusieurs années auparavant. Le rêve surprenant de Yusuf s'était enfin réalisé et trouvait désormais tout son sens.

CHAPITRE
Neuf

LA PATIENCE

« Minou ! Mikado ! Où êtes-vous ?! », cria Fatima pour la énième fois, désespérée. Cela faisait une heure qu'elle cherchait ses chatons, mais toujours aucun signe d'eux. Elle se demandait si elle n'avait pas laissé la porte ouverte sans faire exprès en partant à l'école ce matin-là. Et s'ils s'étaient faufilés dehors ? Ils étaient encore si petits !

Et si quelqu'un les avait pris ? Et s'ils s'étaient fait écraser par une voiture ? se murmura-t-elle intérieurement en regardant partout autour d'elle. « Non, non, non », pensa-t-elle en secouant la tête. Je ne laisserai pas le shaytan me mettre de telles idées dans la tête. Allah le Généreux, le Très Miséricordieux, protègerait sûrement ces petits animaux encore innocents.

Mais au fur et à mesure que la journée avançait, Fatima devenait de plus en plus triste. Elle sortit à nouveau pour appeler ses chatons, mais aucun miaulement ne se fit entendre. Elle fit une dernière tentative juste avant le coucher du soleil, mais malheureusement, elle ne put entendre les clochettes qu'elle avait accrochées autour de leur cou et qui tintaient lorsqu'ils se précipitaient pour jouer avec elle. Fatima s'essuya alors les yeux et rentra à l'intérieur, le cœur serré.

La nuit, elle plongea sa tête dans son oreiller et se mit à pleurer. Le bruit de ses petits chatons ronronnant près de son lit lui manquait. Plus elle pensait à ce qui avait pu arriver à ses petits bébés, plus elle pleurait. La mère de Fatima entra ensuite dans la chambre de sa fille pour la coiffer, et elle l'embrassa sur le front. Lorsque Fatima finit enfin par se calmer, sa mère lui dit : « C'est normal de pleurer et d'être triste quand quelqu'un qu'on aime nous manque ».

« Mais maman, penses-tu qu'Allah préfère que je patiente encore plutôt que de pleurnicher ? », demanda Fatima, sur un ton hésitant.

« On peut être à la fois triste et patient », lui répondit sa mère.

« Ah bon ? », dit Fatima, surprise. « Comment ça ? », demanda-t-elle.

« Tu te souviens de l'histoire du Prophète Joseph, 'alayhi as-salam ? ».

« Oui, un peu. Peux-tu me la raconter à nouveau, s'il te plaît ? ».

« Eh bien, ma chérie, les frères de Joseph étaient jaloux de lui parce que leur père, le Prophète Yaqub – 'alayhi as-salam – était très attaché à Joseph. Ils le jetèrent donc dans un puits pour le faire disparaître, et racontèrent à leur père qu'il avait été dévoré par un loup. Yaqub ne les a pas crus, et il a eu raison. Sais-tu au bout de combien d'années il a pu retrouver son fils ? ».

Fatima, qui écoutait les yeux écarquillés, hocha la tête.

« Quarante ans ! Et penses-tu que Yaqub n'a pas pleuré une seule fois pendant tout ce temps ? Eh bien si, il a pleuré. Il a tellement pleuré qu'il a fini par en perdre la vue. Son fils lui manquait terriblement. Mais il a aussi prié Allah. Sa patience était tellement grande qu'Allah a utilisé l'expression sabrun jamil dans le Coran, ce qui signifie « belle patience ». Nous pouvons donc être patients et tristes en même temps. Nous pouvons même pleurer tant que nous avons foi en Allah. Alors, ne te fais pas trop de soucis pour tes petits chatons, même s'ils te manquent beaucoup, car Allah doit sûrement veiller sur eux à l'heure qu'il est ».

« Quelle belle histoire ! Merci, maman ! Mon ventre me fait moins mal tout d'un coup ».

« Al hamdulillah ! », dit la mère, qui put enfin laisser Fatima s'endormir apaisée.

Lorsque Fatima se réveilla le lendemain, la tristesse ne l'avait pas totalement quittée, mais elle se remémora l'histoire que sa mère lui avait racontée la veille au soir, et cela lui donna du courage. Elle était déterminée à retrouver ses précieux chatons aujourd'hui !

Allah aide ceux qui s'aident eux-mêmes, se dit-elle. Quand je rentrerai de l'école, je mettrai des affiches avec leur photo dans tout le quartier. Je suis sûre que quelqu'un a dû les croiser, in cha Allah.

Après avoir fini de manger, elle se dirigea vers la porte d'entrée où quelqu'un venait de sonner. Elle se demanda qui pouvait bien être là de bon matin. Elle ouvrit la porte et vit une femme qui se tenait debout devant elle.

« Bonjour ! », dit Leila poliment, en attendant que la femme parle.

« Bonjour, ma chérie. Je m'appelle Mary. Est-ce que, par hasard, tu ne serais pas à la recherche de deux adorables petits chatons ? », demanda la femme.

Les yeux de Fatima faillirent sortir de sa tête et elle s'écria : « Oui, oui, oui ! Vous les avez vus quelque part ? ».

« Oh oui, je les ai bien vus ces petits monstres. Hier, ils se sont promenés dans mon jardin et ils ont grimpé à un arbre. Les pauvres sont restés coincés là-haut, car ils avaient trop peur de redescendre. J'ai dû appeler les pompiers, qui sont allés les chercher dans l'arbre. Comme il était tard, je les ai pris avec moi, et je les ai installés à la maison avec mes chats. J'ai vérifié leurs colliers ce matin et c'est là que j'ai vu ton adresse dessus ». La femme se mit à rire, puis se tourna en direction de sa voiture.

Dès qu'elle ouvrit la porte, les deux petites boules de poils apparurent et se ruèrent vers Fatima, en miaulant et en tournant sans cesse autour d'elle. Submergée par la joie, Fatima craqua et se mit à pleurer, en prenant les deux chatons dans ses bras, et en remerciant la gentille dame qui les avait retrouvés. Puis elle leva les yeux au ciel et remercia Allah d'avoir répondu à ses prières. Al hamdulillah ya Rabb !

CHAPITRE
Dix

HAJAR ET LE PUITS DE ZAMZAM

Le Prophète Ibrahim (AS) était l'un des prophètes les plus aimés d'Allah (SWT). Il consacra sa vie à Allah (SWT) et s'efforça sans relâche pour communiquer Son message aux gens. Allah (SWT) lui fit le don d'un fils nommé Isma'il (AS). L'amour qu'Ibrahim (AS) avait pour son fils était grand, mais l'amour qu'il avait pour Allah (SWT) était encore plus grand.

Un jour, Allah (SWT) ordonna à Ibrahim (AS) de se rendre dans un endroit reculé avec sa femme Hajar et leur fils Isma'il (AS), qui était encore un bébé à l'époque. Ils finirent par arriver dans une vallée désertique, où il n'y avait ni eau, ni nourriture, ni abri. Allah (SWT) ordonna ensuite à Ibrahim (AS) de quitter sa famille et de la laisser dans la vallée. Hajar lui demanda si c'était un ordre d'Allah (SWT) et lorsqu'Ibrahim lui confirma que cela était le cas, elle fut rassurée. Malgré le fait qu'il n'y avait absolument rien pour survivre dans cette vallée, elle était convaincue qu'Allah (SWT) ne les abandonnerait pas à leur propre sort.

Au bout d'un certain temps, le bébé Isma'il (AS) eut soif et se mit à pleurer. Hajar commença à chercher de l'eau autour d'elle, mais elle n'en trouva pas. Elle grimpa au sommet d'une colline connue sous le nom de Mont Safa, et chercha quelqu'un pour les aider, mais elle ne vit personne dans les alentours. Elle se dirigea ensuite vers une autre montagne appelée Marwa. Là encore, rien, ni personne.

Hajar fit sept fois le trajet entre les deux montagnes à la recherche d'eau pour son fils, mais en vain. C'est de là que vient le rituel accompli lors des pèlerinages du Hajj et de la 'Umra.

Après cela, Hajar vit un ange qui se tenait à côté de son bébé, Isma'il (AS). Elle retrouva ainsi espoir, car Allah (SWT) avait répondu à ses prières. L'ange frappa la terre à côté d'eux et une source d'eau en jaillit.

C'est cette source que les Musulmans connaissent aujourd'hui sous le nom de Zamzam. Bien des siècles plus tard, nous continuons à boire de l'eau de cette abondante source, qui contient de nombreux bienfaits et vertus. Lorsque les gens eurent connaissance de l'existence de cette source, une communauté commença à se former autour de l'endroit où se trouvait Hajar, en plein milieu du désert. C'est cet endroit qui est devenu la ville de La Mecque, telle que nous la connaissons aujourd'hui.

Lorsque Isma'il (AS) grandit, Ibrahim (AS) le prit avec lui pour construire un édifice, pour Allah (SWT).

Isma'il (AS) rassemblait les pierres tandis qu'Ibrahim (AS) les assemblait. Lorsque les murs devinrent trop hauts, Isma'il (AS) apporta une pierre à son père pour qu'il puisse poursuivre son ouvrage. Ils continuèrent ainsi à construire la Maison d'Allah jusqu'à ce qu'elle soit achevée. Cet édifice est aujourd'hui connu sous le nom de Ka'aba, et c'est la direction vers laquelle se tournent tous les Musulmans du monde entier lors de la prière, et dont ils font sept fois le tour lors des rituels du Hajj et de la 'Umra.

CHAPITRE
Onze

DEMANDER LA PERMISSION

Amina aimait beaucoup les bijoux et les autres jolis accessoires de sa mère. Elle la regardait les ranger soigneusement après les avoir portés, et elle savait qu'ils étaient très précieux pour elle. Certains lui avaient été offerts par son mari, d'autres étaient des objets que la grand-mère lui avait laissés lorsqu'elle était petite.

La mère d'Amina avait dit à sa fille qu'elle pouvait regarder ses affaires lorsqu'elle était là, mais qu'elle ne devait pas y toucher, car certains objets étaient très précieux et si petits qu'ils pouvaient facilement être perdus.

Un après-midi, la maman d'Amina alla rendre visite à Tante Sara, qui n'allait pas très bien. Avant de partir, la mère d'Amina dit à sa fille : « Amina, ma chérie, fais attention à toi quand tu joues et ne touche à rien qui puisse te faire mal ou te blesser. Si tu as besoin de quoi que ce soit, demande d'abord la permission à Tante Maryam. C'est elle qui s'occupera de toi et de la maison aujourd'hui ». Sur ces paroles, elle embrassa sa fille et quitta la maison.

Après avoir longuement joué avec ses poupées et sa tablette, Amina commença à s'ennuyer. Elle demanda à Tante Maryam si elle pouvait aller jouer au parc, mais celle-ci lui répondit : « Chérie, je suis un peu fatiguée aujourd'hui. Je ne peux pas t'emmener alors que j'ai un terrible mal de tête, et tu ne peux pas y aller toute seule non plus – alors sois gentille s'il te plaît, et essaie de t'amuser à l'intérieur ». Amina ne fut pas très contente de la réponse de sa tante.

Elle prit sa mine grincheuse et regagna sa chambre. Soudain, quelque chose lui passa par la tête. Les affaires de sa mère ! Amina aimait beaucoup se déguiser, et elle avait une boîte contenant les vieux vêtements de sa mère, qu'elle revêtait parfois pour jouer la maman. Sa mère lui avait pourtant bien dit de ne pas toucher à ses bijoux, mais Amina ne pensait qu'à une chose : la jolie broche bleue de sa mère qui se trouvait dans la boîte à bijoux !

Elle traîna une chaise jusqu'à la commode et monta dessus pour atteindre la boîte. La jolie broche bleue scintillait à la lumière et Amina la sortit de sa boîte. Elle l'attacha à sa robe et commença à se prendre pour une maman. Elle jeta un coup d'œil en bas, et vit que Tante Maryam était en train de se reposer sur le canapé. Alors, d'un pas de souris, elle quitta la maison discrètement pour aller jouer au parc.

Une fois arrivée au parc, elle y retrouva ses amies Samia et Maimouna. Les deux filles virent la belle épingle qui brillait sur la robe d'Amina et furent très impressionnées. Elles lui demandèrent où elle l'avait obtenue, et Amina, fière, leur qu'elle l'avait empruntée à sa mère. Les trois filles se mirent à jouer avec, se la passant tour à tour. Très vite, elles oublièrent la broche et se mirent à jouer au chat et à la souris. Elles n'arrêtaient pas de gambader dans le parc. Puis, il commença à faire froid et sombre.

Amina se hâta alors de rentrer chez elle, où elle retrouva sa Tante Maryam, furieuse. Celle-ci la gronda pour avoir quitté la maison sans sa permission. Amina se mit alors à bouder, refusant de manger quoi que ce soit. C'est alors qu'elle entendit la voiture de sa mère approcher de la maison. Maman est de retour ! Mais sa joie se transforma vite en panique lorsqu'elle repensa à la broche bleue ! Amina avait beau l'avoir cherchée partout, mais il lui était impossible de se souvenir où elle l'avait laissée ! Elle était dans le pétrin.

En voyant sa maman entrer dans la maison, elle se mit à sangloter. La mère, très inquiète, lui demanda : « Amina, qu'est-ce qu'il y a ? ». Effrayée à l'idée de lui raconter ce qui s'était passé, Amina se mit à pleurer davantage. Après avoir retrouvé son calme, elle lui expliqua tout. Lorsqu'elle leva les yeux, elle vit le visage de sa mère plein de tristesse et de déception. Amina savait à quel point sa mère tenait à cette broche, mais elle se sentait impuissante et ne savait pas quoi faire. Après avoir été mis au courant de ce qui s'était passé, le père prit une grosse lampe de poche avec lui et se mit à la chercher dans le parc.

La mère prépara tranquillement le dîner, et demanda à Amina de s'asseoir à table. Puis elle lui dit : « Écoute, Amina, je t'avais bien dit de ne pas toucher à la boîte à bijoux. C'est mal élevé de toucher aux affaires de quelqu'un, surtout sans sa permission. N'oublie jamais qu'Allah sait tout et qu'Il voit tout ce que nous faisons. Cela veut dire qu'Il nous voit même lorsqu'il n'y a personne autour de nous. Tu ne dois jamais désobéir à papa et maman. Ton père et moi voulons ton bien, c'est pour cela qu'on fait tous ces efforts pour bien t'éduquer et t'enseigner les bonnes manières, qui te serviront dans la vie ».

Amina se sentait mal, très mal. Elle termina rapidement de manger et alla se coucher, mais elle avait du mal à trouver le sommeil.

Soudain, elle entendit la porte d'entrée s'ouvrir et des personnes qui parlaient en bas. Quelques instants plus tard, sa mère entra dans sa chambre et lui dit : « Amina, ton père a retrouvé la broche. Regarde ! ». L'épingle était bel et bien là devant elle, toujours brillante, dans la main de sa mère. Celle-ci lui dit alors : « La prochaine fois que tu veux essayer ou emprunter quelque chose, demande d'abord la permission ! Si j'avais su que tu voulais tant l'essayer, je te l'aurais attachée moi-même à ta robe, et tu aurais pu jouer avec à l'intérieur de la maison sans problème ».

Amina se sentait soulagée que la broche ait été retrouvée, mais elle était également navrée d'avoir causé tant d'inquiétude et de soucis à sa mère. Elle lui fit la promesse de ne jamais rien emprunter à qui que ce soit sans demander la permission, et d'écouter les adultes lorsqu'ils lui donneraient des conseils.

CHAPITRE
Douze

L'HISTOIRE DU PROPHÈTE JONAS/YUNUS (AS)

Yunus (AS) était un Prophète d'Allah (SWT), et le seul prophète qu'Allah (SWT) a puni. C'est en raison de cette punition qu'Allah (SWT) a fait descendre Sa Miséricorde sur son peuple après que celui-ci ait accepté le monothéisme (la croyance en un Dieu unique).

Yunus (AS) a été envoyé à un peuple qui vivait dans le péché, pour lui faire accepter la religion d'un Dieu unique, Allah. Cependant, son peuple rejeta son message et continua à vivre dans le péché, malgré les efforts répétés de Yunus (AS). Ce dernier, en se disant qu'il ne serait jamais écouté, décida de quitter son peuple et de s'éloigner de lui. Il espérait pouvoir tomber sur des gens qui seraient plus réceptifs à son message, mais il prit sa décision sans attendre la permission d'Allah (SWT).

Yunus (AS) se rendit alors près d'une côte, où il trouva un bateau qui partait pour une destination lointaine. Il monta à bord, mais il ne fallut pas longtemps pour que le ciel devienne sombre et orageux, et que la mer se mette à tanguer. Les gens jetaient leurs affaires à la mer pour tenter d'alléger le bateau, mais il n'y avait rien à faire ; les vagues étaient trop hautes et trop fortes. Ils se mirent alors en tête de débarrasser le bateau d'un de ses passagers, et firent un tirage au sort pour cela, qui désigna Yunus (AS).

Cela fut difficile à accepter pour Yunus (AS), mais celui-ci savait que cela arrivait pour une raison, et il se disait qu'Allah (SWT) était certainement très mécontent de lui pour avoir quitté son peuple sans la permission de son Seigneur. Une fois à l'eau, un énorme poisson s'approcha de Yunus (AS) et l'avala, mais sans le mordre !

Il faisait très sombre dans le ventre du poisson, mais il y avait tellement d'espace que le Prophète Yunus (AS) resta en vie. Pris de peur, il pria Allah (SWT) de lui pardonner, encore et encore.

Allah (SWT) entendit la prière du Prophète Yunus (AS) et l'exauça, en le sauvant de l'obscurité du ventre de cet énorme poisson. Par la volonté d'Allah, le poisson se dirigea vers une île, où il laissa sortir doucement Yunus de son ventre. Cependant, après avoir passé trois jours et trois nuits dans le ventre de ce poisson, Yunus avait quelques blessures. Néanmoins, Allah (SWT) l'avait gardé en vie.

Yunus (AS) retourna alors à son peuple, qu'il avait quitté quelque temps auparavant. Il pensait qu'Allah (SWT) aurait sûrement puni ces gens pour ne pas avoir suivi le message qu'il s'efforçait de leur transmettre, mais quand il arriva, il fut surpris de voir que tout le monde avait accepté la religion d'un Dieu unique ! Il découvrit ensuite que son peuple avait effectivement été puni pour ses péchés pendant son absence, mais qu'Allah (SWT) lui avait pardonné en raison de sa repentance, tout comme Il avait pardonné à Yunus (AS) d'avoir quitté son peuple sans Sa permission.

CHAPITRE
Treize

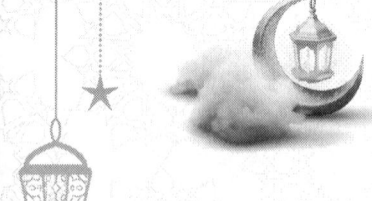

L'HUMILITÉ

Sulaiman gravit péniblement les marches de la maison, la tête baissée. D'un coup sec, il ouvrit la porte d'entrée et pénétra à l'intérieur en traînant les pieds.

« As-salamu 'alaykum », dit une voix froide, qui n'avait pas entendu de salam de la part de Sulaiman lorsqu'il était entré.

« Wa-'alaykum as-salam », marmonna Sulaiman à sa sœur, avant d'enlever ses chaussures et de s'installer sur le canapé.

« Qu'est-ce qu'il y a, mon petit ? », demanda Amina en prenant place à côté de lui.

Sulaiman se contenta de soupirer, sans dire un mot.

« Allez, qu'est-ce qu'il y a, dis-moi », insista Amina.

« D'accord, d'accord », dit Sulaiman d'un ton morose. « Si tu veux savoir, j'étais chez Abdul-Rahman et on a joué à la PlayStation, on s'est bien amusés ! ».

« Ok, alors quel est le problème ? », demanda Amina en lui donnant un coup de coude.

« Le problème, c'est que moi aussi, je veux une PlayStation ! ».

« Oh ! », dit Amina en hochant la tête en signe de compréhension.

« Tous mes amis en ont une, et je suis le seul à ne pas en avoir ! », ajouta Sulaiman en faisant la moue.

« D'accord, mais pourquoi en veux-tu une ? », demanda Amina.

Sulaiman la regarda, perplexe. « Qu'est-ce que tu veux dire ? Je viens de te le dire, je veux pouvoir jouer aussi à la PlayStation quand j'en ai envie ! ».

« Je comprends. Mais tu peux y jouer chez Abdul-Rahman, non ? ».

« Non, je veux avoir la mienne aussi », dit Sulaiman en donnant un coup de pied sur la table.

« Oui, mais pourquoi ? », insista Amina.

« Parce que ! », s'exclama Sulaiman. « Je veux être comme mes amis et pouvoir jouer à la PlayStation à la maison ! ».

« Ok, mais tu veux une PlayStation pour pouvoir jouer avec, ou c'est juste quelque chose que tu veux avoir pour faire comme tes amis ? ».

Sulaiman resta silencieux pendant un certain temps. Il réfléchissait à la raison profonde pour laquelle il voulait tant cette PlayStation. « Ben j'aimerais aussi la montrer à mes amis. Je ne veux pas me sentir exclu. Et puis, j'ai envie que tout le monde dise que moi aussi, j'ai des trucs cool à la maison ».

« Je comprends », dit Amina, en hochant la tête d'un air pensif. « Ce n'est pas facile de se sentir exclu alors que tous ses amis ont la même chose, hein ? ».

Sulaiman hocha la tête énergiquement.

« J'aimerais que tu aies aussi une PlayStation si cela te rend heureux. Mais à condition que ce ne soit pas pour la montrer à tout le monde ».

« Est-ce que c'est si important que ça ? », demanda Sulaiman, curieux de comprendre. « De toute façon, je l'utiliserai pour jouer à mes jeux préférés ».

« L'intention est toujours importante. C'est la clé de tout ce que nous faisons en tant que Musulmans, et cela veut dire que nous devons toujours être conscients de nos véritables intentions lorsque nous faisons quelque chose, car Allah nous récompense lorsque nous nous comportons avec humilité ».

« Ça veut dire quoi humilité ? ».

Amina réfléchit un instant. « L'humilité, c'est ne pas être fier et arrogant. Une personne humble ne se vante jamais et ne se croit jamais supérieure aux autres. Nous devons toujours être conscients de cela, car Allah nous récompense abondamment, bien au-delà de ce que nous méritons ».

« Je ne me crois pas supérieur aux autres », affirma Sulaiman, en essayant d'expliquer son point de vue.

« Je sais que cela n'est pas le cas, Sulaiman. Mais l'orgueil est ce sentiment que nous ressentons lorsque nous voulons montrer quelque chose que nous avons fait ou que nous avons acheté – et ce n'est pas bien, même si la chose que tu as faite est bonne. Nous devons donc observer notre cœur pour voir quelles sont nos véritables intentions. Bien sûr, nous sommes aussi des êtres humains et nous ferons toujours des erreurs. Et ce n'est pas grave, tant que nous essayons de les réparer et d'éviter de les refaire ».

« Alors, ça veut dire qu'il n'y a pas de PlayStation pour moi ? », demanda Sulaiman sur un ton légèrement provocateur.

Amina se mit à rire. « Cela veut dire que tu auras peut-être une PlayStation un jour, in cha Allah – à condition que ce soit pour les bonnes raisons ».

« In cha Allah ! », dit Sulaiman. « Pour l'instant, je jouerai avec la console d'Abdul-Rahman et je l'aiderai à faire ses devoirs chaque fois que je le pourrai – histoire de faire une bonne action ». « Il a vraiment du mal en maths », ajouta Sulaiman en secouant la tête.

CHAPITRE
Quatorze

UNE BONNE PAROLE

Le père d'Ahmed vit son fils entrer et lui demanda : « Vous vous êtes bien amusés ? Qui a gagné ? ».

« PERSONNE ! », cria Ahmed, avant de claquer la porte de sa chambre.

Cela ne ressemblait pas à Ahmed. Le père regarda la mère, qui se tenait dans la cuisine, l'air surprise. Il lui dit : « Laisse-moi voir ce qui se passe avec notre petit champion ».

TOC ! TOC ! TOC !

Le père entra dans la chambre d'Ahmed, et trouva son fils en train de lancer une balle sur le mur, l'air particulièrement grincheux.

« On peut discuter ? », demanda le père.

« Papa, je suis tellement en colère ! J'ai envie de casser quelque chose ! ».

Le père rattrapa calmement la balle et s'assit sur le bord du lit. « Et pourquoi ça, fiston ? », demanda-t-il.

« Tu connais Qasim et ses amis ? Les grands qui habitent au coin

de la rue. Ils sont venus jouer au foot avec nous aujourd'hui »,
dit Ahmed, les mots sortant à toute vitesse de sa bouche. « Ils
ont marqué plein de buts, je ne sais même pas combien. Ils nous
ont ridiculisés ! ».

« Mon fils, c'est tout à fait normal – ils sont plus âgés que vous !
Vous serez meilleurs la prochaine fois. Je pense même que c'était
un bon entraînement pour vous. Pourquoi es-tu si contrarié ? ».

Ahmed déglutit et dit : « Papa, Qasim a insulté Ali ».

Ali était le meilleur ami d'Ahmed. Ils avaient grandi ensemble en
tant que voisins, et étaient comme des frères.

« Qu'a-t-il dit ? », demanda le père, sur un ton sérieux.

« Ils se sont moqués de lui, Papa. Ils l'ont traité de tous les noms
et se sont moqués de ses chaussures. Ali n'a même pas dit quoi
que ce soit. Et quand j'ai voulu intervenir, il m'a poussé et m'a dit
de ne pas leur répondre ! Il est bête ! Pourquoi ne m'a-t-il pas
laissé le défendre ? ».

Le père sourit et dit : « Ali est vraiment un très bon ami alors ! ».

« Comment ça ? », grommela Ahmed.

« Tu sais ce qu'il y a de mieux pour un bon Musulman ? C'est
d'être gentil. Tes actes et tes paroles doivent toujours être
agréables. Quoi qu'il arrive, tu dois toujours dire quelque chose
de bien. Et si tu n'as rien de bon à dire, il vaut mieux se taire dans
ce cas ».

« Mais pourquoi ça ? », demanda Ahmed, dont la colère était
redescendue.

Le père dit : « Notre Prophète – Sallallahu alayhi wa salam – était la personne la plus gentille qui soit, et il nous a recommandé de ne jamais dire quoi que ce soit qui puisse blesser les autres. C'est comme ça que nous gardons nos amis et que nous pouvons nous en faire d'autres. Le fait qu'Ali ait gardé son calme prouve qu'il est très intelligent et que c'est quelqu'un de bien ! ».

« Humm… Je vois ce que tu veux dire. Tu penses que je devrais aller voir Ali et lui dire que je suis désolé ? », demanda Ahmed.

« Bien sûr, tu peux », dit le père en souriant. « Par contre si tu croises les grands en chemin, alors… ».

Avant qu'il n'ait pu terminer, Ahmed compléta sa phrase. « Alors je leur dirai qu'ils ont super bien joué aujourd'hui ! J'y vais alors ! ». Sur ces paroles, il dévala les escaliers à toute vitesse et quitta la maison.

« Un peu moins de bruit dans cette maison nous ferait du bien », dit la mère en riant.

CHAPITRE
Quinze

L'HISTOIRE DU PROPHÈTE SALOMON/SULAYMAN (AS)

Le Prophète Sulayman (AS) était le fils du Prophète David (AS). Il devint roi après la mort de son père et il était réputé pour sa compassion et son sens de la justice.

Les Prophètes sont des personnes choisies par Allah (SWT) pour transmettre Son message aux autres. Parfois, ils sont dotés de dons particuliers ou de miracles, ce qui leur permet de faire des choses qu'aucun autre être humain ne peut faire.

Le Prophète Sulayman (AS) a bénéficié de plusieurs dons de la part d'Allah (SWT). Il pouvait parler aux vents et leur dire dans quelle direction souffler. Il pouvait également comprendre le langage des animaux et leur parler – et ceux-ci le comprenaient également. Son armée était composée d'humains et de toutes sortes d'animaux, comme des oiseaux et des lions. Il pouvait même commander les djinns (génies) et leur donner des ordres à exécuter. Autant de choses qu'aucun autre être humain ne pouvait faire. Il connaissait également le travail de l'acier, ce qui lui permettait de fabriquer toutes sortes d'armes et d'objets pratiques.

Un jour, alors que l'armée du Prophète Sulayman (AS) traversait une vallée, une colonie de fourmis se trouvait sur son chemin. Une petite fourmi, qui vit l'armée approcher, courut dire aux autres fourmis : « Ô fourmis, rentrez dans vos demeures pour ne pas être écrasées par Sulayman et son armée ».

Allah (SWT) fit en sorte que le Prophète Sulayman (AS) entende cette conversation entre cette fourmi et ses congénères. Sulayman se mit à sourire en les entendant, remercia Allah (SWT) pour Ses innombrables bienfaits, et ordonna à son armée de dévier sa route, afin de ne pas écraser la colonie de fourmis.

Sulayman (AS) avait également construit un énorme temple pour l'adoration d'Allah (SWT). Un beau jour, une huppe vint voir le Prophète Sulayman (AS). Elle lui raconta qu'elle avait vu un endroit appelé Saba, où les gens étaient heureux et avaient tout ce dont ils avaient besoin, mais au lieu d'adorer Allah (SWT) pour tout ce qu'Il leur avait donné, ils se prosternaient devant le soleil. La huppe précisa également que le territoire de Saba était gouverné par une reine.

Le Prophète Sulayman (AS) renvoya la huppe à la reine, avec une lettre lui parlant d'Allah (SWT) et l'invitant à L'adorer à la place du soleil. La reine était confuse et ne savait pas quoi faire. Elle fit donc envoyer un cadeau au Prophète Sulayman (AS) par des messagers, afin qu'ils lui rapportent des informations à propos de Sulayman (AS) et de son peuple.

Lorsque les messagers rendirent visite au Prophète Sulayman (AS), ils furent stupéfaits de voir son immense armée, qui comprenait à la fois des hommes et des animaux. Ils virent également l'immense temple, le palais fait d'or, et ils furent très impressionnés.

Le Prophète Sulayman (AS) refusa leur cadeau, en leur indiquant que son seul souhait était qu'ils adorent Allah (SWT). Les messagers retournèrent donc vers Saba et informèrent la reine des échanges qu'ils avaient eus avec Sulayman (AS). En les entendant, la reine décida alors de rendre visite en personne au Prophète Sulayman (AS).

Avant qu'elle n'arrive, le Prophète Sulayman (AS) envoya des djinns pour faire venir le trône de la reine chez lui en un clin d'oeil. La reine fut stupéfaite de voir cela et en admiration devant les autres choses qu'elle vit, comme son palais tapissé de verre, tel qu'il est mentionné dans le Coran. Elle comprit que de tels miracles ne pouvaient provenir que d'une entité supérieure, bien plus grande que le soleil qu'elle adorait. En fait, de tels miracles ne pouvaient émaner que d'Allah (SWT), le Créateur du Soleil et de tout l'Univers.

C'est ainsi que la reine et son peuple commencèrent à croire en Allah (SWT) et cessèrent d'adorer le soleil.

CHAPITRE
Seize

LES COMPAGNONS DE LA GROTTE (A SAHAB AL-KAHF)

Autrefois, quelques personnes pieuses vivaient dans l'Empire romain et croyaient en Allah (SWT), le Dieu unique, malgré les tentatives de dissuasion des cruels empereurs de l'époque. Ces empereurs cruels voulaient tuer les croyants afin d'empêcher les autres de les suivre dans leur foi.

Pour échapper à ces persécutions, un groupe de jeunes croyants s'enfuit dans des montagnes situées près de leur village, accompagnés de leur chien, pour aller se réfugier dans une grotte.

Ils étaient très effrayés car ils savaient que l'armée de l'empereur était à leurs trousses et souhaitait les capturer, en échange d'une prime de l'empereur. Ils prièrent alors Allah (SWT), d'une foi sincère, pour qu'Il les sauve des armées de l'empereur. Au bout d'un moment, ils finirent par se coucher pour se reposer, pendant que leur chien montait la garde devant la grotte.

Allah (SWT) entendit leurs prières et leur vint en aide. Il les plongea, eux ainsi que leur chien, dans un long et profond sommeil. Ils restèrent ainsi endormis pendant trois cents ans, sans être inquiétés par quoi que ce soit, concernant leur vie ou celle de leur chien.

En se réveillant, ils pensèrent qu'ils n'avaient dormi que quelques heures. Gloire à Allah ! Bien qu'ils aient dormi pendant trois cents ans, leurs corps étaient restés les mêmes, sans aucun signe de vieillissement, ni même une plaie ou une ecchymose.

Par la suite, la faim les gagna, et l'un d'eux descendit au village pour aller chercher de la nourriture. Là, il constata que le village ne ressemblait plus du tout à celui qu'il avait connu. En effet, trois cents ans s'étaient écoulés depuis. Mais ce qui le surprit le plus était que tous les habitants de ce village étaient croyants, et qu'ils adoraient tous un Dieu unique.

Le jeune homme se rendit alors chez un marchand pour acheter quelques provisions avec ses anciennes pièces de monnaie. Le commerçant fut très surpris de voir ces vieilles pièces, et il le questionna à ce sujet. C'est ainsi que le jeune homme lui conta son histoire, en lui parlant des amis qui étaient avec lui dans la grotte.

Cette histoire parvint au roi, qui demanda à voir les compagnons de la grotte. Il fut à la fois émerveillé et inspiré en les écoutant, et les invita donc à rester vivre parmi eux.

Ces jeunes croyants n'étaient pas des prophètes. Ils étaient simplement de jeunes hommes pieux, qui croyaient fermement en Allah (SWT). En retour, Allah (SWT) leur a accordé Sa Miséricorde, en veillant sur eux pendant trois cents ans et en les faisant rejoindre un peuple croyant, pour qu'ils puissent vivre en paix et en sécurité. Cette histoire est mentionnée dans la Sourate 18 du Coran, intitulée Al-Kahf.

Quelle que soit la difficulté, Allah (SWT) est toujours là pour nous aider et nous protéger. Nous pouvons renforcer notre foi en Allah (SWT) en faisant appel à Lui chaque fois que nous en avons besoin, que ce soit pour une échéance importante comme un examen scolaire, ou pour quelque chose de moindre importance. Qu'Allah (SWT) nous guide et nous préserve !

CHAPITRE
Dix-Sept

L'HISTOIRE DU PROPHÈTE JÉSUS/'ISSA (AS)

L'histoire du Prophète 'Issa (AS) est d'autant plus particulière que sa mère Maryam (AS), était elle-aussi une femme extraordinaire. Ses parents 'Imran et Hannah n'avaient pas d'enfants, et ils priaient constamment Allah (SWT) de leur en accorder un. Allah (SWT) les exauça en leur donnant une fille, qu'ils appelèrent Maryam.

La mère de Maryam avait promis à Allah (SWT) que son enfant se consacrerait exclusivement à Son adoration – et c'est ainsi que Maryam (AS) passa la plus grande partie de son enfance à adorer Allah (SWT) dans un temple. Il fut décidé que ce soit le Prophète Zacharie (AS) qui s'occuperait d'elle. Dans le temple, il y avait une pièce réservée pour Maryam, où seul Zacharie (AS) était autorisé à entrer.

Un jour, il s'y rendit et vit qu'il y avait dans cette pièce tout un tas de provisions. Zacharie demanda alors à Maryam d'où celles-ci provenaient et elle lui répondit que cela venait d'Allah (SWT), car « Il donne certes la nourriture à qui Il veut sans compter ». Zacharie réalisa alors que Maryam (AS) n'était pas une femme comme les autres, et il continua à prendre soin d'elle.

Dans le Coran, nous apprenons que plus tard, Maryam (AS) se retira de sa famille pour se rendre dans un endroit situé à l'est. Alors qu'elle se trouvait seule, un ange vint lui rendre visite pour lui annoncer la naissance d'un petit garçon. Elle fut très inquiète en entendant cela, car elle n'avait même pas de mari. Mais l'ange la rassura en lui disant que c'était un miracle et une décision d'Allah (SWT) et qu'elle ne devait pas s'inquiéter.

Peu de temps après, Maryam donna naissance à un bébé. Elle fut très heureuse mais également très inquiète de ce que les gens diraient d'elle en la voyant. C'est alors que 'Issa (AS) se mit à parler miraculeusement alors qu'il n'était encore qu'un nouveau-né.

Lorsqu'elle retourna chez les siens, elle entendit tout un tas de vilaines choses à son sujet. Le bébé se mit alors à parler devant tout le monde, et c'est ainsi que les gens comprirent que sa naissance était miraculeuse. Le petit 'Issa (AS) les informa qu'il était un Prophète, et qu'il avait été envoyé avec un Livre par Allah (SWT). Ainsi, il n'y eut plus aucun doute à son sujet.

En grandissant, 'Issa (AS) constata que les gens se détournaient de plus en plus des enseignements du Prophète Moïse (AS), ce qui le contraria beaucoup. Il commença alors à parler aux gens du message d'Allah et des bonnes actions qu'ils devaient accomplir.

Parmi les Prophètes, 'Issa (AS) fut privilégié par Allah (SWT), Qui lui avait accordé de nombreux miracles. Il lui avait ainsi accordé la capacité de guérir les malades et même de ressusciter les gens, par Sa permission. SubhanAllah !

Les mécréants furent pris de rage en voyant les miracles du Prophète 'Issa (AS), et ils se mirent en tête de le tuer. Ils le placèrent alors sur une croix de bois et, alors qu'ils étaient sur le point de l'exécuter, Allah (SWT) le délivra en l'élevant vers Lui et en le remplaçant par un homme à l'apparence similaire sur la croix – sans que personne ne se rende compte de quoi que ce soit.

CHAPITRE
Dix-Huit

LE RESPECT DES PERSONNES ÂGÉES

Omar avait une petite sœur qui s'appelait Sakina. C'était les vacances d'été, et ils étaient tous les deux très excités. Ces vacances allaient être particulières pour eux, car ils allaient les passer avec leurs grands-parents et leur grand cousin Rahim.

La mère prépara les affaires des enfants et quelques cadeaux pour les grands-parents et pour Rahim. Elle appela ensuite Omar et Sakina et leur demanda de s'asseoir. Elle souriait, mais son visage était sérieux. Elle leur dit : « Mes chéris, vous savez que grand-mère et grand-père sont plus âgés que Papa et Maman, n'est-ce pas ? ». Omar et Sakina acquiescèrent. Elle poursuivit : « Ce sont les parents de votre père et ce sont des personnes fragiles. Vous devez donc toujours être gentils avec eux et écouter ce qu'ils vous disent ».

Le lendemain matin, Omar et Sakina prirent le car pour se rendre chez leurs grands-parents. Le trajet était long et fatigant, mais ils trouvèrent de quoi se distraire en regardant passer les véhicules sur la route. À leur arrivée, Rahim les attendait. Dès qu'il les aperçut, il s'écria : « Vous voilà enfin ! La dernière fois que je t'ai vue toi, tu n'étais encore qu'un petit bébé, Sakina ! ». Il prit leurs bagages et se dirigea vers la voiture, où le grand-père les attendait, le visage rayonnant de bonheur.

Le grand-père embrassa Omar et Sakina et les aida à attacher leur ceinture de sécurité pour le court trajet jusqu'à la maison. « Grand-mère a préparé quelque chose de spécial à manger pour vous », leur dit-il, alors qu'ils s'engageaient dans l'allée. La maison était immense, et il y avait un grand jardin où ils pouvaient jouer à attraper des grenouilles !

La grand-mère leur sourit en les voyant. Dès qu'ils entrèrent dans la maison, ils sentirent une délicieuse odeur de nourriture qui flottait dans l'air, ce qui leur donna très faim ! Rahim embrassa rapidement sa grand-mère, se lava les mains et mit la table pour le dîner. Il demanda à la grand-mère de s'asseoir, puis récupéra une paire de pantoufles pour le grand-père, avant de l'aider à s'installer confortablement dans son fauteuil.

Ils commencèrent ensuite à manger le délicieux repas que la grand-mère avait préparé – du poulet rôti et des pommes de terre – accompagné d'un délicieux gâteau au chocolat !
La grand-mère se leva pour débarrasser la table, mais Rahim l'arrêta. « Laisse-moi débarrasser. Tu dois être épuisée après avoir cuisiné toute la journée ! Repose-toi pendant que je mets les enfants au lit ». Les yeux de la grand-mère brillaient d'amour. Elle fit une tape dans le dos de Rahim, puis embrassa Omar et Sakina avant d'aller se reposer dans le salon.

Rahim accompagna les enfants dans la chambre d'amis, où se trouvaient leurs lits. Omar demanda : « Cousin Rahim, pourquoi habites-tu ici ? ».

Rahim se mit à rire et dit : « Grand-mère et grand-père sont vieux maintenant, et ils ont besoin de quelqu'un pour s'occuper d'eux. Alors, j'ai trouvé un travail à côté et j'habite avec eux pour pouvoir les aider ! Allez, bonne nuit les enfants ! ». Sur ces paroles, il éteignit la lumière et ferma la porte derrière lui.

« Tu as vu comment cousin Rahim est gentil avec Papi et Mamie ? », demanda Omar à Sakina. « Il est tellement serviable. Je pense que c'est ce que Maman voulait dire quand elle disait d'être gentil avec eux ».

« C'est vrai », dit Sakina. « Tu sais quoi ? Puisque nous sommes ici, profitons-en pour les aider aussi ».

« Bonne idée ! », dit Omar.

Le lendemain matin, les enfants se réveillèrent très tôt. Omar se précipita en bas pour voir ce que faisait son grand-père et il l'aida à arroser les plantes. Ensuite, il alla chercher le courrier dans la boîte aux lettres. Pendant ce temps, Sakina aidait sa grand-mère à mettre la table et à essuyer les verres avec un torchon. Elle l'aida aussi à couper des fruits pour le petit-déjeuner. Lorsque Rahim arriva à son tour, il vit les deux enfants à l'ouvrage et se mit à sourire. Il était tellement ravi de voir ses jeunes cousins aider leurs grands-parents âgés.

Après les corvées du matin, la grand-mère se sentit fatiguée et s'assit. Sakina lui fit un câlin et elle l'écouta lui conter ses histoires de jeune fille. Elle était totalement captivée. Elle écoutait sa grand-mère avec respect et riait lorsqu'elle racontait quelque chose de drôle. Omar, lui, regardait la télévision avec le grand-père, tout en l'aidant à ranger ses vieux livres dans la grande bibliothèque en acajou.

Tout au long de leurs vacances, les deux enfants continuèrent à aider leurs grands-parents aux tâches de la maison. Ils firent attention à ne pas faire de bruit lorsqu'ils dormaient, et demandèrent toujours la permission avant de toucher à quoi que ce soit ou de sortir de la maison. En observant Rahim, ils avaient appris de lui, en s'inspirant de ses bonnes manières. Ils étaient touchés de voir que leurs grands-parents faisaient des invocations pour eux chaque fois qu'ils accomplissaient un acte de gentillesse.

Sakina dit à Omar : « Je vais devenir la fille la plus riche de la ville ».

Omar la regarda et lui dit : « Quoi ? Tu n'as même pas dix euros dans ta poche ! ».

Sakina s'esclaffa. « Tu es vraiment bête ! Mais j'ai des milliers d'invocations de Papi et Mamie ! »

« Moi aussi ! », dit Omar, en se mettant à rire à son tour.

CHAPITRE
Dix-Neuf

LA COOPÉRATION

Farhan se tenait debout sur le bord de la route, frissonnant. Cela faisait maintenant deux heures qu'il marchait, et il n'y avait toujours aucun signe de la moindre âme vivante autour de lui. Sa voiture était tombée en panne et son téléphone portable n'émettait plus de signal depuis un moment. Ses jambes commençaient à lui faire mal, et son ventre commençait à se nouer de peur. Il se demandait s'il allait mourir de froid. *Ô Allah, ne me laisse pas mourir ici. J'ai tellement peur !*

Il était sur le point de baisser les bras et de s'asseoir, lorsqu'il aperçut une forme vague au loin. Son cœur se mit à battre plus vite, et il plissa les yeux pour distinguer ce qui ressemblait à une voiture garée à plusieurs mètres de là. *Ô Allah ! On dirait une voiture ! Je t'en supplie, fais qu'il y ait quelqu'un à l'intérieur*, pria-t-il, en accélérant le pas pour rejoindre la voiture.

Il frappa à la fenêtre de la voiture, mais le jeune conducteur, occupé au téléphone, n'esquissa pas le moindre mouvement. Farhan fit une nouvelle tentative et, cette fois, le conducteur l'entendit. Il regarda Farhan avec méfiance, puis baissa la vitre de quelques centimètres. « Qui êtes-vous », demanda le conducteur, la voix tremblante à cause du froid.

« As-salamu 'alaykum ! ». Je m'appelle Farhan. Ma voiture est tombée en panne et je marche depuis plusieurs heures. Je suis épuisé et j'ai froid. Est-ce que je peux rester un peu avec vous à l'intérieur ? ».

Il y eut quelques secondes de silence, avant que Farhan n'entende les portes de la voiture se déverrouiller. Farhan se précipita de l'autre côté et monta dans la voiture. « Al hamdulillah ! », dit Farhan. « Cela va me soulager du froid ! ».

« Wa aleykum salam », dit le jeune homme, en lui tendant la main. « Je m'appelle Sofian ».

« Enchanté, Sofian ! Mais pourquoi es-tu garé sur le bord de la route ? Tu es tombé en panne toi aussi ? », demanda Farhan, désespéré.

« Non, non, ce n'est pas ça. C'est juste qu'il ne me reste que très peu d'essence. J'ai vérifié sur mon téléphone, et la station n'est qu'à trois kilomètres, donc je devrais avoir de quoi aller jusqu'à là-bas, in cha Allah ». Il tourna ensuite la tête pour regarder dehors.

« Qu'est-ce qu'il y a alors ? », demanda Farhan, intrigué.

« Je n'ai pas d'argent pour mettre de l'essence », marmonna Sofian, embarrassé.

« Oh, ce n'est pas un problème ! », dit respectueusement Farhan.

« Comment ça ? », demanda Sofian.

« On va s'entraider ! Je peux te donner de l'argent pour l'essence, et tu pourrais peut-être m'aider à atteindre ma destination et à faire remorquer ma voiture », expliqua Farhan.

« Tu es sûr ? », demanda Sofian, hésitant. « Je ne veux pas que tu te sentes obligé de m'aider. Je peux t'aider à aller où tu veux, tu n'es pas obligé de me donner de l'argent pour ça ».

« Ne t'inquiète pas, mon ami. C'est toi qui m'aides le plus. D'ailleurs, l'Islam ne nous dit-il pas qu'il faut nous entraider ? ».

Sofian démarra la voiture et rejoignit la station-service. Ils firent le plein et appelèrent une dépanneuse.

« Jazak Allahu khayr pour ton aide, car j'étais vraiment mal. J'ai pu compter sur toi dans un grand moment de détresse », déclara Farhan.

Ils convinrent de rester en contact, puis Sofian lui fit un signe de la main pour lui dire au revoir, et ils se quittèrent ainsi.

CHAPITRE
Vingt

LA NUIT DE LA DESTINÉE (LAYLAT AL-QADR)

Le mois de Ramadan arrivait bientôt à sa fin, et il avait apporté avec lui une atmosphère joyeuse à la maison. La mère, le père et la sœur aînée de Khalid, Khawla, s'étaient réveillés ensemble chaque matin pour le suhur et ils avaient fait les cinq prières en famille chaque jour.

Ils s'étaient assis ensemble pour lire le Coran et en apprendre davantage sur la Sunna du Prophète Muhammad ﷺ. Ce fut un mois merveilleux, rempli de prières et de souvenirs. Le premier jour du Ramadan, le père de Khalid avait promis à son fils une grande surprise pour la vingtième nuit, surtout s'il arrivait à jeûner pendant tout le mois. Ce soir-là, Khalid avait jeûné pendant toute la journée. Comme il était encore jeune, il ne jeûnait parfois que des demi-journées, lorsqu'il n'était pas capable de tenir une journée entière.

« Baba, tu te souviens que tu m'as dit que tu aurais une surprise pour moi pour la vingtième nuit du Ramadan ? », demanda Khalid.

« Oh, oui, je m'en souviens et je suis content de voir que tu t'en rappelles aussi ! », répondit son père.

« Je peux savoir c'est quoi la surprise, alors ? », demanda Khalid.

« Cette surprise, c'est le plus beau cadeau que nous recevons de toute l'année », déclara son père. Il rassembla ensuite tout le monde autour de lui, et tous s'assirent pour écouter ce qu'il avait à dire.

« Tu sais ce qu'est Laylat al-Qadr, Khawla ? », demanda le père.

« Oui, Baba », répondit Khawla. « C'est la Nuit du Destin, la nuit la plus spéciale de toute l'année ! ».

« Oui, je vais vous en dire un peu plus sur cette nuit particulière », ajouta le père.

Il commença à réciter la Sourate Al-Qadr (Sourate 97 du Coran), puis expliqua son sens aux enfants.

Il dit : « Dans cette sourate, Allah parle de Laylat al-Qadr. La Nuit de la Destinée est la meilleure nuit du meilleur mois de l'année, car c'est la nuit où Allah a commencé à révéler le Coran au Prophète Muhammad - Sallallahu alayhi wa salam. L'Ange Jibril, 'alayhi as-salam, est venu voir le Prophète Muhammad - Sallallahu alayhi wa salam - et lui a révélé que cette Nuit de la Destinée valait mieux que mille mois, c'est-à-dire quatre-vingt-trois ans ! ».

Khalid, interloqué, dit : « Wow ! Donc, si je prie cette nuit, c'est comme si j'avais prié pendant tout ce temps ? ».

« Exactement », répondit son père.

Khalid demanda : « Mais c'est quand exactement ? Je vais mettre mon réveil pour ne pas la rater ! ».

Son père répondit : « Personne ne sait exactement quand cette nuit tombe, mais nous savons que nous devons la chercher pendant les dix dernières nuits du mois de Ramadan, comme nous l'a indiqué le Prophète Muhammad – Sallallahu alayhi wa salam ».

Khalid demanda : « Mais comment faire pour la chercher ou pour la trouver ? ».

Son père lui répondit : « Si tu pries pendant ces dix nuits, si tu fais des aumônes, ou si tu fais de bonnes actions, tu auras ainsi plus de chances de la trouver, et les récompenses que tu obtiendras seront multipliées plusieurs fois. C'est une grâce particulière d'Allah pour tous les Musulmans, afin qu'ils prient, qu'ils demandent le pardon et la protection contre le châtiment du Feu de l'Enfer ».

« Voulez-vous que je vous enseigne une belle invocation que l'épouse du prophète, 'A'ishah a apprise du Prophète Muhammad – Sallallahu alayhi wa salam – et qu'il faut réciter lors de Laylat Al-Qadr ? », demanda le père aux enfants.

« Oui, s'il te plaît Papa ! », répondirent en chœur Khalid et Khawla.

« Allahumma innaka 'afuwwun tuhibbu al-'afwa fa'fu 'anni. »
(« Ô Allah, Tu es certes le Pardonneur, Tu aimes pardonner, ainsi pardonne-moi »).

Le père s'assura que les enfants aient bien mémorisé l'invocation, et tous cherchèrent la Nuit de la Destinée, en demandant à Allah (SWT) de leur faire miséricorde.

CHAPITRE
Vingt et Un

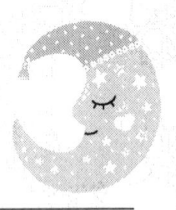

LE PROPHÈTE MUHAMMAD ﷺ
(PREMIÈRE PARTIE)

Le Prophète Muhammad ﷺ est le dernier prophète et messager d'Allah (SWT).

Avant lui, les Prophètes étaient envoyés pour une période spécifique ou pour un peuple spécifique, mais le Prophète Muhammad ﷺ, en tant que dernier des Prophètes, a été envoyé à toute l'humanité, et ce, jusqu'à la fin des temps.

Les parents du Prophète décédèrent alors qu'il n'était qu'un petit garçon. À l'âge de six ans, il alla vivre chez son grand-père bien-aimé 'Abd al-Muttalib, puis chez son oncle Abu Talib, à l'âge de huit ans. Le jeune Muhammad ﷺ était berger et s'occupait des moutons de son oncle. Tout le monde l'appréciait et lui faisait confiance en raison de son honnêteté et de sa gentillesse.

Le Prophète Muhammad ﷺ grandit à La Mecque et épousa Khadija (RA), l'une des femmes les plus pieuses et les plus riches de La Mecque. Il eut également des enfants avec elle.

Le Prophète ﷺ était heureux, mais la façon dont les habitants de La Mecque se comportaient le gênait profondément. Ils étaient méchants les uns envers les autres et construisaient des statues et des idoles, qu'ils adoraient comme des divinités. Ainsi, le Prophète ﷺ s'isolait souvent pour méditer et contempler la réalité du monde.

Un jour, alors que le Prophète ﷺ était seul dans une grotte du mont Hira', l'Ange Jibril (AS) vint le trouver et lui demander de lire, alors qu'il était illettré. Jibril (AS) répéta ces paroles deux autres fois. Finalement, il lui révéla les premiers versets du Coran, que nous connaissons aujourd'hui comme les cinq premiers versets de la Sourate Al-'Alaq (Sourate 96 du Coran).

Le Prophète ﷺ retourna auprès de son épouse, effrayé et inquiet par ce qui venait de se passer. Khadija le réconforta et lui dit qu'il était une si bonne personne qu'Allah (SWT) ne lui ferait jamais de mal. Elle l'emmena chez son cousin Waraqah ibn Nawfal, un homme pieux qui en savait beaucoup sur les Prophètes. Celui-ci confirma à Muhammad ﷺ qu'il était bel et bien un Prophète d'Allah, et que l'expérience qu'il venait de vivre n'était pas un rêve !

Au bout de quelque temps, le Prophète ﷺ reçut l'ordre, par révélation divine, de commencer à prêcher la parole d'Allah (SWT) aux gens. Il commença donc par son épouse, qui accepta immédiatement l'Islam, tout comme son cousin 'Ali (RA) et son meilleur ami Abu Bakr (RA).

Pendant de nombreuses années, le Prophète ﷺ dut prêcher en secret, car les mécréants étaient hostiles et rejetaient le message d'Allah (SWT). Lorsqu'il commença à prêcher ouvertement et que de plus en plus de gens commençaient à accepter l'Islam, les mécréants furent révoltés et se mirent à persécuter les Musulmans. Allah (SWT) affermit alors les croyants, qui ne cessèrent jamais de croire en Allah (SWT), malgré toutes les persécutions qu'ils subirent.

Les mécréants étaient également très cruels envers le Prophète ﷺ, mais heureusement, son oncle était là pour veiller sur lui. Quelque temps plus tard, 'Umar Ibn Al-Khattab (RA), un homme puissant et très respecté au sein de sa tribu, accepta également l'Islam. Les nouveaux Musulmans s'en trouvèrent ainsi renforcés.

Les mécréants isolèrent les musulmans pendant trois ans, en refusant de les laisser échanger des biens ou de la nourriture. Ils n'avaient pas grand-chose à manger et traversaient une période très difficile. Peu de temps après, la femme et l'oncle du Prophète ﷺ, qui avaient été parmi ses plus grands soutiens, quittèrent ce monde. Le Prophète ﷺ en fut attristé, et ils lui manquèrent beaucoup par la suite.

Une nuit, alors que le Prophète Muhammad ﷺ était endormi, il fit un voyage de la Mecque à Jérusalem, puis jusqu'aux cieux. Il croisa d'autres Prophètes, et Allah (SWT) lui prescrivit cinq prières quotidiennes, afin que les Musulmans puissent demander à Allah (SWT) ce qu'ils voulaient pendant leurs invocations. Cet événement important est connu sous le nom de Isra' et Mi'raj.

Par la suite, des gens vinrent à la rencontre du Prophète Muhammad ﷺ depuis Yathrib, aujourd'hui connue sous le nom de Médine. Ils acceptèrent l'Islam et invitèrent le Prophète Muhammad ﷺ à rejoindre la ville de Médine, pour vivre en paix et en harmonie avec eux.

Finalement, le Prophète Muhammad ﷺ émigra à Médine avec ses compagnons, lors d'un événement connu sous le nom de Hijra. Les habitants de Médine (connus sous le nom d'Ansars) accueillirent les Musulmans de La Mecque (appelés Muhajirun) le cœur grand ouvert. Les Ansars étaient très serviables et partageaient tous leurs biens avec les Muhajirun, dans un climat de foi et d'entraide, et c'est ainsi qu'ils commencèrnt à bâtir ensemble une communauté musulmane forte à Médine.

CHAPITRE
Vingt-Deux

LE PROPHÈTE MUHAMMAD ﷺ
(DEUXIÈME PARTIE)

J'espère que vous n'avez pas oublié l'histoire d'hier concernant notre Prophète bien-aimé Muhammad ﷺ.

Vous souvenez-vous où nous nous sommes arrêtés ?

Aaah oui, le Prophète ﷺ et ses nobles compagnons (qu'Allah les agrée) avaient rejoint Médine, où ils vivaient enfin en harmonie avec les Musulmans nouvellement convertis. Mais la tribu de Quraysh, de laquelle était issu Le Prophète ﷺ, ne supportait pas de voir les Musulmans heureux et en paix. Alors ils se mirent à lancer des attaques contre eux de temps à autre.

Certaines batailles furent remportées par les Musulmans, comme la bataille de Badr. Bien qu'ils fussent peu nombreux et pas suffisamment équipés durant cette bataille, ils avaient avec eux une grande foi en Allah (SWT). Cependant, ils perdirent d'autres batailles, comme celle d'Uhud, alors qu'ils avaient rassemblé beaucoup d'hommes et de chevaux, car ils n'avaient pas écouté les ordres du Prophète ﷺ.

Un jour, le Prophète Muhammad ﷺ et ses compagnons décidèrent de partir pour la 'Umra. Mais lorsqu'ils arrivèrent à La Mecque, les mécréants ne voulurent pas les laisser entrer. Les

Musulmans réussirent à négocier un pacte de paix avec eux, qui leur permit de revenir l'année suivante pour une période de trois jours. Cette trêve entre les deux parties, qui comprenait d'autres conditions et devait durer dix ans, est connue sous le nom de Traité de Houdaybiya.

Le Prophète Muhammad ﷺ envoya ensuite des lettres et des messagers à différents dirigeants de différentes contrées, afin de les inviter à l'Islam. Certains acceptèrent cette religion, d'autres non.

Il ne fallut pas longtemps pour que la tribu de Quraysh, toujours prête à commettre des méfaits, rompe le traité de paix qu'elle avait conclu avec les Musulmans. Ces derniers se dirigèrent vers La Mecque et reprirent pacifiquement la ville, car les mécréants étaient trop effrayés pour les combattre. Le Prophète Muhammad ﷺ brisa toutes les statues et les idoles à l'intérieur de la Ka'aba et il finit par y prier. Lorsque les mécréants réalisèrent que les Musulmans ne leur voulaient absolument aucun mal, ils se convertirent à l'Islam en grand nombre.

Le Prophète ﷺ retourna ensuite à Médine, alors que de plus en plus de gens continuaient à se convertir à l'Islam. Ce fut une période heureuse pour les Musulmans.

La même année, le Prophète Muhammad ﷺ retourna à La Mecque pour ce qui sera son dernier pèlerinage du Hajj. Il fut accompagné dans ce voyage par des milliers de compagnons, tandis que beaucoup d'autres venaient d'ailleurs. Dans son sermon d'adieu, il se tint sur le mont 'Arafat et recommanda aux gens d'être assidus dans leur prière et d'être bienveillants les uns envers les autres. Les personnes présentes témoignèrent également que le Prophète Muhammad ﷺ avait correctement transmis le message d'Allah (SWT) et qu'il leur avait prodigué de sages conseils tout au long de sa prophétie. Il était maintenant temps pour eux de transmettre le message de l'Islam à d'autres personnes à travers le monde.

Le Prophète Muhammad ﷺ regagna finalement à Médine, où il tomba gravement malade. Il resta souffrant pendant un certain temps avant de s'éteindre dans la maison de son épouse 'A'ishah (RA). Les gens étaient très tristes de sa disparition, mais Abu Bakr (RA) leur expliqua que le Prophète ﷺ était un être humain comme tout le monde, et qu'il devait donc mourir un jour, car seul Allah (SWT) est éternel.

Le Prophète Muhammad ﷺ fut enterré à l'endroit même où il décéda. Qu'Allah (SWT) le bénisse et nous aide à suivre ses enseignements pour devenir de bons Musulmans.

CHAPITRE
Vingt-Trois

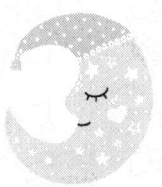

LA GENTILLESSE ENVERS LES AUTRES

Lorsque le Prophète Muhammad ﷺ commença à prêcher la religion d'un Dieu unique aux habitants de La Mecque, les puissants nobles de la ville se dressèrent contre lui. Ils étaient très durs envers lui et ceux qui l'avaient suivi. Ils le calomniaient et profitaient de toutes les occasions pour lui nuire, mais notre Prophète bien-aimé Muhammad ﷺ ne riposta jamais et garda son calme. Il continua à prêcher les valeurs de la gentillesse, de la politesse, de la justice et du respect. Non seulement il prêchait ces valeurs, mais il incitait aussi les gens à agir selon ces valeurs.

Les choses s'étaient un peu améliorées pour les Musulmans après que le Prophète ﷺ et ses fidèles compagnons (qu'Allah les agrée) aient émigré à Médine, mais il demeurait encore un certain nombre de personnes qui étaient très hostiles à l'Islam.

Un jour, alors que le Prophète Muhammad ﷺ circulait sur une route entre La Mecque et Médine, il vit un groupe de jeunes hommes, qui se moquaient de l'appel à la prière (adhan), en prononçant des paroles dénuées de sens, simplement parce qu'ils détestaient le Prophète ﷺ et qu'ils étaient répugnés par le fait de voir que l'Islam gagnait de plus en plus de fidèles.

L'un de ces jeunes hommes avait une voix très particulière et très belle, ce qui attira l'attention du Prophète ﷺ. Il s'appelait Abu Mahdhurah et il vivait à La Mecque.

Peu de temps après, le Prophète ﷺ convoqua Abu Mahdhurah pour s'entretenir avec lui.

Abu Mahdhurah dut certainement penser que le Prophète ﷺ se mettrait en colère contre lui ou le punirait pour avoir perturbé l'appel à la prière.

Mais il n'en fut rien ; au contraire, Muhammad ﷺ sourit et caressa doucement le front d'Abu Mahdhurah, tout en lui apprenant à faire l'adhan. Abu Mahdhurah écoutait attentivement, et répétait chaque phrase de l'adhan après le Prophète ﷺ.

Abu Mahdhurah fut profondément touché par les belles paroles qu'il récitait sous la direction du Prophète ﷺ et il ne tarda pas à sentir que la haine qu'il avait dans son cœur avait complètement disparu, pour se remplir de lumière et d'amour pour le Prophète ﷺ et pour l'Islam.

À la suite de cela, le Prophète ﷺ désigna Abu Mahdhurah pour effectuer l'adhan à La Mecque, ce qu'il fit pendant de nombreuses années. Abu Mahdhurah fut très heureux d'être honoré de la sorte par le Prophète ﷺ.

Comme vous le savez peut-être déjà, les actes valent mieux que les paroles, et c'est pourquoi la gentillesse et la douceur du Prophète ﷺ ont profondément touché Abu Mahdhurah (qu'Allah l'agrée), lui montrant le chemin de la vérité et la beauté de l'Islam. Il ne suffit pas de prononcer une phrase ou deux pour gagner le respect ou l'amitié de quelqu'un. Agir en accord avec vos bonnes paroles incite les autres à se lier d'amitié avec vous et à croire en ce que vous dites.

Le Prophète Muhammad ﷺ était connu pour sa générosité et son honnêteté, bien avant de devenir prophète. En outre, ses enseignements sur la bonté, l'empathie et l'amour s'adressaient à l'ensemble des Hommes, et pas seulement aux Musulmans, car Allah (SWT) l'a envoyé à l'humanité tout entière. Muhammad ﷺ nous a incités à faire preuve de bonté et à être juste envers les Musulmans comme les non-musulmans. C'est le meilleur moyen d'inviter les autres à l'Islam, en s'inspirant de ses remarquables enseignements.

CHAPITRE
Vingt-Quatre

AIMER SA FAMILLE

Au cœur d'un désert se trouvait une belle oasis verdoyante. Les habitants de l'oasis appréciaient la fraîcheur de son eau, son ombre et ses délicieux fruits. Les enfants qui y vivaient étaient heureux et bien portants, et on les voyait souvent se rouler dans le sable sous l'ombre fraîche des palmiers. Mais un été, la sécheresse frappa. Le lac s'assécha et l'eau se fit rare. Les familles riches avaient encore beaucoup de nourriture, tandis que les autres mangeaient des dattes et des restes de viande séchée.

Parmi les habitants de cette oasis se trouvaient deux frères, Ahmed et Daoud. Ahmed était un riche marchand, tandis que Daoud était berger. La sécheresse eut un impact désastreux pour Daoud et sa famille. Tous les moutons et le reste du bétail furent décimés en raison de la chaleur et du manque d'eau.

Un jour, Ahmed rentra à la maison après un voyage. Lorsqu'il ouvrit une boîte remplie de friandises pour les enfants, son fils aîné Ali eut l'air inquiet. Ahmed regarda Ali. « Mon fils, il y a quelque chose qui ne va pas ? ».

Ali répondit : « Papa, quand j'ai vu oncle Daoud rentrer à la maison aujourd'hui, j'ai eu l'impression qu'il n'avait pas assez à manger. Ensuite, j'ai entendu la petite Amina pleurer pendant longtemps. Je pense qu'elle avait faim ».

Ahmed regarda ses boîtes pleines de friandises, de nourriture et de jouets. Il sourit à Ali et lui dit : « Mon fils, va chercher un autre carton à la maison pour que nous puissions préparer des choses pour la petite Amina. Mets-y aussi des friandises et des fruits ». Ali regarda les fruits secs et fut pris d'hésitation. Son propre petit frère, Saad, était en train de manger de délicieux raisins secs, et Ali ne voulait pas priver le petit Saad de quoi que ce soit.

Ali regarda son père l'air tracassé et dit : « Pouvons-nous garder les fruits secs pour Saad ? Regarde comme il aime ça ! ».

Ahmed s'approcha d'Ali et s'assit près de lui. « Tu aimes Saad, n'est-ce pas ? ». Ali acquiesça. « Eh bien, la petite Amina est comme ta sœur. Elle aussi aimerait bien manger de ces raisins secs ».

Ali dit : « Mais Papa, regarde Saad ! Il n'arrête pas de manger ces raisins secs depuis que tu as ouvert la boîte ! Je crois qu'il aime vraiment ça ! ».

Ahmed répondit : « Eh bien, mon fils, Amina les aimera probablement aussi. Mais surtout, Allah t'aimera pour avoir fait une bonne action pour ta famille ! Et puis, Saad en a déjà suffisamment mangé, de toute façon ».

Ali titilla le petit nez de Saad, et prépara un carton de fruits secs, de friandises et de jouets. Ahmed et Ali se dirigèrent ensuite vers la maison de Daoud et frappèrent à la porte. « Qui est là ? », demanda Daoud.

« C'est Ahmed et Ali », répondit Ahmed. Daoud ouvrit la porte avec un grand sourire et les invita à entrer.

« Ali a apporté des cadeaux pour la petite Amina », dit Ahmed.

Lorsqu'ils entrèrent, la petite Amina était assise par terre, suçant son pouce, le visage rougi par les pleurs. Ali se précipita vers elle et la prit dans ses bras. Il ouvrit la boîte remplie de friandises et de fruits secs. Il lui donna un hochet tout neuf ainsi qu'un raisin sec. Elle gloussa en entendant le hochet et mâcha le raisin, tendant aussitôt sa petite main pour en avoir d'autres. La mère d'Amina sourit.

Alors qu'ils rentraient chez eux, Ahmed caressa la tête d'Ali et lui dit : « Mon fils, n'oublie jamais que tu as un devoir envers ta famille et tes proches. Chaque fois que tu as quelque chose à partager, partage-le avec eux. Sois gentil et attentionné, comme tu l'as été aujourd'hui ! ».

En arrivant à la maison, Ali dit à Saad : « Demain, tu partageras tes nouveaux jouets avec la petite Amina. Je t'aiderai à les lui apporter. Nous devons être gentils avec notre famille parce qu'Allah nous aime quand nous nous comportons comme ça. En plus, cela nous fait du bien à l'intérieur ! ».

CHAPITRE
Vingt-Cinq

NE PAS SE MOQUER DES GENS

Chers enfants, savez-vous que se moquer des gens peut être très blessant ? Parfois, ce que nous trouvons drôle peut faire du mal aux autres – et notre Prophète Muhammad ﷺ nous a mis en garde contre le fait de blesser autrui. Lisons l'histoire de deux filles, dont l'une s'amusait de choses qui rendaient l'autre fille triste.

Naima avait une sœur plus jeune, Amal. Amal était une petite fille qui apprenait encore à marcher et qui tombait et se cognait contre des objets tout au long de la journée. Parfois, elle se blessait et criait de douleur, parfois elle avait un bleu, sans que personne ne sache ce qui lui était arrivé !

Un jour, alors que Naima faisait ses devoirs à table, Amal entra en courant dans la cuisine et heurta la cuisinière. Une grosse casserole d'eau bouillante était sur le feu et commençait à tanguer d'avant en arrière ! Dès que Naima vit cela, elle se leva d'un bond de sa chaise pour éloigner Amal de la cuisinière. Mais une partie de l'eau bouillante éclaboussa le visage de Naima, qui se mit à hurler avant que sa mère n'arrive en courant.

Les parents de Naima l'emmenèrent à l'hôpital, où elle dut rester pendant plusieurs jours. Au bout de quelque temps, elle commença à se sentir beaucoup mieux. Cependant, l'eau bouillante avait laissé une cicatrice rouge sur son visage, et Naima se sentait très mal à cause de cela. Le docteur lui avait indiqué que la cicatrice disparaîtrait au bout de quelques mois. Les parents de Naima étaient très contrariés par l'incident, mais en même temps, ils étaient très fiers de Naima, qui avait fait preuve de courage pour protéger sa petite sœur.

Après de longues vacances d'été, ce fut le premier jour d'école et Naima s'apprêtait à entrer en CM1. Sa jolie robe rouge à fleurs était parfaitement assortie à son sac.

Non seulement elle était magnifique et radieuse dans cette tenue, mais elle était également très enthousiaste à l'idée d'apprendre de nouvelles choses, d'utiliser ses nouvelles fournitures, et de se faire de nouvelles copines. Mais lorsqu'elle traversa la cour de récréation, elle entendit un grognement suivi d'un rire.

« Ha, ha, ha, regardez-la un peu ! », s'écria une grande fille corpulente assise sur les escaliers. « Tu as une drôle de tête, Chaperon rouge ! », dit la grande fille, qui s'appelait Kalthoum. Elle pointa Naima du doigt et se mit à rire en chantant à haute voix : Visage rouge, visage rouge ! Très vite, un groupe d'amis de Kalthoum se mit à chanter avec elle. Naima ne savait plus où se mettre. Elle n'avait qu'une envie : quitter l'école et rentrer chez elle. Mais elle prit son courage à deux mains et rejoignit la salle de classe.

Pendant la récréation, les grandes filles jouaient au ballon à proximité, tandis que Naima et ses camarades de classe étaient assises en train de déguster une collation. Soudain, Naima vit l'une des filles trébucher et, avant même de savoir de qui il s'agissait, elle se leva d'un bond pour tenter de la rattraper, s'écorchant le bras sur le sol au passage. Il s'agissait de Kalthoum. Une fois de plus, Naima s'était blessée en voulant aider quelqu'un d'autre.

Kalthoum vit le bras de Naima qui saignait et se sentit gênée. Gênée et reconnaissante à la fois. Elle accompagna ensuite Naima à l'infirmerie de l'école, pour qu'on puisse lui poser un bandage. D'une voix aimable cette fois, Kalthoum demanda à Naima : « Naima, pourquoi as-tu cette cicatrice sur ton visage ? ». Et Naima lui raconta ce qui lui était arrivé, les larmes aux yeux.

« Tu es une fille courageuse », dit Kalthoum. « Tu as évité à Amal un terrible accident, et aujourd'hui, tu m'as évité de me cogner la tête par terre. Tu es comme une super-héroïne ! ».

Naima esquissa un sourire et dit : « Tu sais, ma cicatrice disparaîtra avec le temps ».

« Ce n'est pas grave ! C'est ta cicatrice de guerre, disons ! », dit Kalthoum. « Écoute, je suis vraiment désolée. Je ne sais pas ce qui m'a pris de me moquer de toi. Ce n'était pas très gentil de ma part. Tu veux bien me pardonner ? ».

« Oh, ce n'est pas grave. L'important, c'est que cela te soit passé ! J'aimerais qu'on soit amies si tu veux bien... », dit Naima.

« Pourquoi ne voudrais-je pas être l'amie d'une super-héroïne ? », demanda Kalthoum, avant de raccompagner Naima vers la salle de classe.

Vous voyez, se moquer des gens ou rire d'eux peut être très désagréable. Nous devrions toujours essayer d'être gentils et attentionnés les uns envers les autres, et ne jamais nous moquer de qui que ce soit. Lorsque nous causons du tort à quelqu'un, Allah (SWT) est mécontent de nous. Aussi, nous devrions toujours chercher à faire uniquement ce qui plaît à Allah (SWT) en suivant la tradition du Prophète Muhammad ﷺ.

CHAPITRE
Vingt-Six

DIRE IN CHA ALLAH

Lorsque le Prophète Muhammad ﷺ commença à diffuser le message de l'Islam aux débuts de sa prophétie, les habitants de La Mecque firent tout ce qui était en leur pouvoir pour lui barrer la route.

Ils envoyèrent un groupe d'hommes chez des rabbins juifs pour les interroger sur lui ﷺ, car ils voulaient savoir ce que leurs écritures disaient à propos des prophètes à venir. Les hommes se rendirent donc chez les rabbins de Yathrib (l'ancien nom de Médine), et ceux-ci leur conseillèrent d'interroger Muhammad ﷺ sur trois choses, en ajoutant que seul un véritable prophète pourrait répondre à ces questions.

Ils dirent : « Demandez-lui d'abord de vous raconter l'histoire de quelques jeunes gens d'autrefois. Ensuite, demandez-lui de vous raconter l'histoire d'un homme qui a voyagé d'un bout à l'autre du monde. Enfin, demandez-lui de vous dire ce qu'est l'âme. S'il vous parle de ces choses, c'est qu'il est bien un prophète. Suivez donc ses enseignements et sachez qu'il dit la vérité. Mais s'il n'est pas capable de vous répondre là-dessus, alors c'est qu'il a tout inventé ».

Les hommes retournèrent donc à La Mecque pour interroger Muhammad ﷺ sur ces questions. Le Prophète Muhammad ﷺ

leur répondit qu'ils auraient leurs réponses le lendemain – mais sans ajouter in cha' Allah (« si Allah veut ») à la fin de sa déclaration.

Le Messager d'Allah ﷺ ne s'avançait jamais sur quoi que ce soit avant d'avoir reçu la révélation d'Allah (SWT). Il attendit donc que quelque chose lui soit révélé, mais en vain. Quinze jours passèrent, et toujours pas de révélation. Les hommes de La Mecque commencèrent à s'agiter, et le Prophète Muhammad ﷺ devint lui aussi très triste.

Puis, finalement, certains versets du Coran lui furent révélés, contenant les réponses aux questions posées par les hommes de La Mecque. En outre, un passage de la Sourate Al-Kahf (Sourate 18, versets 23-24) fut révélé, précisant comment les Musulmans devaient s'exprimer à propos des événements à venir :

« Et ne dis jamais, à propos d'une chose : Je la ferai sûrement demain, sans ajouter : Si Allah le veut et invoque ton Seigneur quand tu oublies… ».

Ainsi, chers lecteurs, chaque fois que nous prenons une décision ou que nous planifions quelque chose, il est très important que nous gardions à l'esprit que tout ce qui arrive dans la vie ne se produit qu'avec la volonté d'Allah (SWT). Nous avons beau prévoir quelque chose, parfois cela ne se passe pas comme nous l'avions imaginé – et cela peut être parce qu'Allah (SWT), dans Sa Sagesse immense, sait que cette chose n'est pas bonne pour nous à ce moment-là. Il se peut également qu'Allah (SWT) nous réserve quelque chose de meilleur que cela, même si nous avons du mal à le concevoir à ce moment-là. Comprendre cela nous permet d'avoir l'esprit tranquille et de nous en remettre à la volonté d'Allah (SWT), qui est le seul à savoir ce qu'il y a de meilleur pour nous.

Ainsi, la prochaine fois que vous prévoyez un événement ou une activité, comme une fête ou un match de foot, et que vous êtes excité à l'idée d'y participer, gardez en tête que c'est Allah (SWT) qui est le meilleur des planificateurs.

Même si le match a lieu, ne courez pas sur le terrain en criant : On va gagner, sans ajouter in cha Allah. De même, lorsque la fête est confirmée et que vous êtes excité à l'idée de retrouver vos amis, n'oubliez pas de dire : « Nous allons passer un bon moment, in cha Allah ».

CHAPITRE
Vingt-Sept

LA JUSTICE ENTRE LES GENS

Le complexe de bureaux gris était entouré d'un vaste terrain, sur lequel on trouvait des arbres et des buissons qui produisaient des baies sauvages en abondance. Des cerfs couraient librement dans les nombreux parcs et espaces de nature sauvage. Quelques familles modestes vivaient près du complexe, la plupart d'entre elles étant employées dans ces bureaux.

Les familles du village voisin s'occupaient des arbres fruitiers et de l'entretien des buissons. Les hommes aidaient à porter de lourdes charges à l'intérieur et à l'extérieur des bâtiments. Leurs enfants jouaient toute la journée dans les parcs, chassant les papillons et gambadant partout.

Abdul-Rashid était le plus ancien employé de l'entreprise, mais il était nouveau dans cette succursale. Il avait récemment emménagé dans la région avec son fils et ses filles, après avoir été conquis par les nombreux arbres fruitiers et baies qui se trouvaient autour des bureaux.

Abdul-Rashid était très compétent dans de nombreux domaines, mais c'était aussi un homme humble et posé, doté de bonnes manières. Il traitait ses jeunes collègues avec respect et il avait également beaucoup de considération pour les hommes qui l'aidaient à porter les lourdes charges. Avec le temps, les autres employés commencèrent à s'inspirer des bonnes manières d'Abdul-Rashid.

Lorsque l'été arriva enfin, les arbres étaient chargés de fruits et les baies étaient visibles dans les buissons. Certains des enfants d'Abdul-Rashid vinrent passer une journée sur ces terres. Accompagnés de quelques villageois, ils commencèrent à cueillir les fruits et à ramasser les baies. Ce fut une journée de dur labeur, mais ils récoltèrent de grandes quantités de fruits, tous plus délicieux les uns que les autres ! Le soir, le fils aîné d'Abdul-Rashid demanda aux hommes de charger tous les fruits et les baies dans la voiture de son père. Les hommes obéirent, avec une pointe de tristesse dans les yeux. En effet, ils étaient très pauvres et n'avaient pas les moyens d'offrir de tels fruits à leurs familles. Les enfants de ces hommes furent également très déçus, car ils avaient espéré qu'ils pourraient aussi en profiter.

Abdul-Rashid sortit du bâtiment pour rentrer chez lui, mais s'arrêta lorsqu'il remarqua que les enfants, habituellement joyeux, s'étaient regroupés sous un arbre qui n'avait plus de fruits. Il se sentit mal à l'aise, se demandant pourquoi ils avaient l'air si tristes. Puis, en arrivant à sa voiture, il vit des caisses remplies de fruits dans le coffre.

Abdul-Rashid se tourna vers son fils et lui dit : « Mon fils, as-tu donné une part aux enfants du village ? ».

Sabri rougit et dit : « Non, Baba, cette terre est à nous maintenant, et ce sont nos fruits ! En plus, Naima et Sabrina attendent aussi les fruits à la maison ! ».

Abdul-Rashid posa une main affectueuse sur l'épaule de son fils et lui dit : « Ces travailleurs vivent sur ces terres. Cette terre appartient à Allah (SWT) avant toute autre personne, alors qui sommes-nous pour dire que nous ne partagerons pas ce qu'Il nous a donné ? Notre Prophète Muhammad – Sallallahu alayhi wa salam – nous a appris à être équitables et justes ! Donc, il est juste que les personnes qui vivent sur ces terres et qui nous aident à cueillir les fruits aient leur part aussi, tu comprends ?

Sabri acquiesça et commença à décharger la voiture, en comptant les cartons pour les répartir équitablement entre les hommes. Abdul-Rashid s'adressa à nouveau à son fils et lui dit : « Je suis fier de toi parce que tu apprends vite, mais écoute-moi, mon fils. Al hamdulillah, nous avons la chance d'être à l'aise et de ne manquer de rien, et nous pouvons acheter tous les fruits que nous voulons quand nous en avons envie, n'est-ce pas ? ».

Sabri répondit : « Oui, Baba ! C'est ce que nous faisons chaque semaine ! ».

« Exactement », dit son père en souriant. « Il est donc normal que nous donnions aux ouvriers une plus grande part de ces fruits et que nous n'en ramenions qu'une petite partie à la maison pour les manger. Les ouvriers n'ont pas les moyens d'acheter ce type de fruits, mais notre situation est différente et nous devons tenir compte de cela ».

Sabri resta debout à observer les visages de ces enfants. « Baba, merci de m'avoir aidé à comprendre la différence entre l'égalité et l'équité. J'ai appris quelque chose de très important aujourd'hui grâce à toi ! ».

Après cette discussion, Sabri ne garda que deux caisses pour sa famille et, avec un grand sourire, il donna le reste des fruits aux travailleurs et à leurs enfants. Il joua même au chat et à la souris avec eux, avant de retrouver son père.

« Baba, ce fruit sera encore meilleur grâce à la leçon que j'ai apprise aujourd'hui », dit Sabri sur le chemin du retour.

Abdul-Rashid dit : « Al hamdulillah, tu m'as rendu très fier. Je prie pour que tu gardes cette leçon à l'esprit chaque fois que tu auras affaire à des gens à l'avenir ».

CHAPITRE
Vingt-Huit

APPRENDRE À PARTAGER

Le plus grand exemple de partage dans l'histoire de l'humanité a eu lieu lorsque les Musulmans de La Mecque ont émigré à Médine.

Les Musulmans de La Mecque durent quitter la ville qui leur était si chère à une période difficile. En effet, les mécréants de La Mecque les traitaient durement et faisaient tout pour les empêcher de pratiquer leur religion paisiblement. Sous la direction du Prophète Muhammad ﷺ, de petits groupes de Musulmans commencèrent ainsi à quitter La Mecque pour Médine.

De l'autre côté du désert, les habitants de Médine étaient prêts à accueillir à bras ouverts leurs frères et sœurs en religion. Lorsque les Musulmans de La Mecque arrivèrent à Médine, ils ne possédaient rien. Ils avaient tout laissé derrière eux et se trouvaient en terre inconnue.

Le Prophète Muhammad ﷺ associa chaque musulman de La Mecque à un musulman de Médine, en tant que frère ou sœur. Les Médinois furent exemplaires en termes de partage. Ils partagèrent leur nourriture, leurs maisons et leurs biens avec leurs frères et sœurs qui avaient émigré. Certains allèrent même jusqu'à donner la moitié de leurs biens !

L'un des Médinois invita l'un des compagnons du Prophète chez lui et dit à sa femme : « Sers généreusement cet invité du Prophète Muhammad – sallallahu alayhi wa salam ». Sa femme lui répondit qu'il y avait juste assez de nourriture pour les enfants. Malgré cela, le Médinois lui demanda de partager ce qu'il y avait avec son frère émigré. Ils eurent faim cette nuit-là, mais prirent la peine de s'assurer que leur invité mange à sa faim et dorme paisiblement. Allah (SWT) a promis une grande récompense pour cette noble action dans l'au-delà.

Alors, chers lecteurs, apprenez à partager et soyez généreux dans vos aumônes. Il existe de nombreuses façons de partager ce que vous avez avec les autres !

À l'école, par exemple, vous pouvez aider vos amis en partageant vos connaissances avec eux. Aider un ami à rattraper un cours parce qu'il a été absent pour cause de maladie est une forme de partage.

Lorsque vous savez que des personnes dans le besoin peuvent bénéficier de votre aide, offrez-la-leur. Portez-vous volontaire pour des causes qui aident les pauvres, les nécessiteux, les personnes âgées et les handicapés. Le temps que vous consacrerez à de telles causes apportera de la joie aux personnes que vous aidez, et vous serez également récompensé pour vos bonnes actions, in cha Allah.

Les aumônes sont le meilleur moyen de partager vos biens matériels avec des personnes moins fortunées. Partagez vos jouets avec des enfants qui n'en ont peut-être pas autant que vous. Donnez vos livres et vos vêtements tant qu'ils sont encore en bon état.

Plus vous donnez, plus vous récolterez de thawab (récompenses d'Allah (SWT)), in cha Allah.

Un petit acte de générosité peut également vous aider à vous faire des amis et aider à bâtir une communauté forte et bienveillante, à l'instar des Ansars qui ont aidé les Muhajiruns lors de leur arrivée à Médine, jetant ainsi les bases d'une Umma (nation) musulmane forte.

Inspirons-nous de ces belles et grandes actions et faisons en sorte que nos communautés soient fortes et prospèrent.

CHAPITRE Vingt-Neuf
ÊTRE UN BON VOISIN

L'Islam est une religion qui met l'accent sur la gentillesse et l'humilité. La douceur avec laquelle les gens se traitent est l'un des plus beaux aspects d'une communauté musulmane. Lisons l'histoire de notre Prophète Muhammad ﷺ, qui a toujours fait preuve de bonté envers ses voisins, indépendamment de leur âge, de leur religion ou de leur statut social.

Un jour, le Prophète Muhammad ﷺ apprit qu'un voisin juif, qui était l'un de ses domestiques à Médine, était tombé malade, et il alla donc lui rendre visite chez lui. Le fait que le garçon et sa famille pratiquaient une religion différente n'a pas empêché le Prophète ﷺ de se soucier de ce garçon, tout comme le fait qu'il soit jeune ou qu'il soit un domestique.

Le Prophète ﷺ a fait preuve d'une grande compassion envers ce garçon en lui rendant visite et en restant à son chevet à ce moment-là.

On peut imaginer ce que le garçon a dû ressentir lors de sa visite, se sentant honoré qu'on prenne de ses nouvelles, surtout de la part d'un prophète. Comme le montrent de nombreux autres récits authentiques, le Prophète ﷺ faisait toujours preuve d'humanité dans de telles situations.

De telles histoires nous montrent également que le Prophète Muhammad ﷺ appréciait les enfants, garçons et filles, et qu'ils l'appréciaient aussi en retour ! En effet, il était toujours gentil avec eux, les respectait et se souciait de leurs préoccupations. Il jouait même avec eux et les portait sur son dos.

Le garçon juif décrit ci-dessus s'est converti à l'Islam lors de la visite du Prophète ﷺ, et son père, qui était pourtant juif, l'a même encouragé à le faire.

L'exemple du Prophète ﷺ nous montre que nous devons toujours faire preuve de gentillesse et d'attention envers nos voisins. Nous devons nous soucier de leur bien-être et prendre soin d'eux lorsqu'ils en ont besoin. Un autre enseignement de cet exemple est que notre comportement peut influencer les autres. Le garçon et son père ont été impressionnés par le comportement et l'attitude du Prophète Muhammad ﷺ, et c'est cette attention inattendue qui a incité le jeune garçon à se convertir l'Islam, avec le soutien de son père.

Le Prophète Muhammad ﷺ nous a montré par d'innombrables exemples comment faire preuve d'attention envers nos voisins. Un de ses enseignements importants nous dit que : « Le croyant n'est pas celui qui est rassasié alors que son voisin a faim ».

Un des grands avantages de l'entraide et de l'amabilité envers les voisins est que cela nous aide à bâtir des communautés fortes dans lesquelles nous prenons soin les uns des autres. Aujourd'hui, un de vos voisins âgé peut avoir besoin d'aide pour se rendre chez le médecin ou pour faire ses courses, alors que demain, c'est peut-être vous qui aurez besoin d'aide pour autre chose. Le bon comportement envers les voisins augmente nos récompenses auprès d'allah (SWT) et rend nos quartiers plus agréables à vivre.

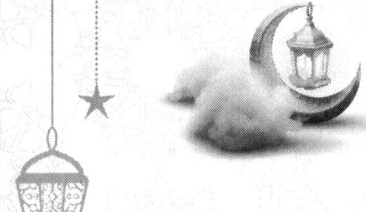

CHAPITRE
Trente

L'AÏD BÉNI

C'était le vingt-neuvième jour du mois de Ramadan. Tout le monde dans la maison attendait le repas de l'iftar pour rompre son jeûne lorsque Maryam s'écria soudain, les larmes aux yeux, en s'adressant à sa mère : « Baba sera-t-il là ce soir comme tu l'as promis ? ».

Sa mère essuya sa joue humide et lui dit doucement : « Cela dépend de la lune, ma chérie ! Viens m'aider à préparer le repas que nous enverrons à Baba ». Le père de Maryam observait en effet l'ihtikaf (retraite spirituelle) à la mosquée.

Maryam tenta de dissimuler sa déception. Cela faisait neuf longs jours qu'elle n'avait pas vu son père. Ce jour-là encore, elle ne savait pas s'il rentrerait. Pendant tout ce temps, la mère avait pris le soin de préparer les repas du suhur et de l'iftar pour son mari.

« Pourquoi, Maman ? », demanda Maryam agacée. « Pourquoi Baba ne rentre-t-il pas à la maison, et qu'est-ce que la lune vient faire là-dedans ? Il me manque ! ».

Sa mère la serra fort dans ses bras et lui dit : « Baba est à la mosquée en train de faire l'ihtikaf. Pendant neuf ou dix nuits, il restera à la mosquée pour prier. C'est une période spéciale pendant laquelle il fait des invocations pour nous tous. Tu comprends ? ».

La famille se mit à table et rompit le jeûne avec des dattes et des sandwiches. Le repas terminé, Asad, le grand frère de Maryam, se précipita dehors pour voir s'il pouvait apercevoir la nouvelle lune.

Soudain, on entendit des bruits et quelques trébuchements, avant qu'Asad ne rentre précipitamment à l'intérieur de la maison en criant : « MAMAN ! J'AI VU LA LUNE ! ». Asad prit Maryam dans ses bras et la porta en la faisant tourner.

« Oh, c'est merveilleux », dit la mère. « Al hamdulillah, cela veut dire que Baba devrait bientôt être de retour à la maison !

Une heure plus tard, la porte s'ouvrit en grinçant, et Maryam poussa un cri strident. « Baba ! ». Le père entra avec hâte à l'intérieur et serra tout le monde dans ses bras en souhaitant une bonne fête de l'Aïd à tous. Puis, tout le monde questionna le père pour savoir comment s'était passé l'ihtikaf.

« C'était les dix plus beaux jours, mes chéris. J'étais assis à la mosquée avec mes frères, en priant et en faisant du dhikr (rappel d'Allah) toute la journée. Nous avons médité sur nos défauts et demandé à Allah (SWT) de faire de nous de meilleurs Musulmans. Nous avons également fait beaucoup d'invocations ».

La mère entra avec un plateau contenant deux verres de lait chaud : « Très bien, les enfants, il est temps d'aller au lit maintenant. Demain, nous devons nous lever tôt pour la prière de l'Aïd ! ».

Le lendemain matin, Baba, Maman, Asad et Maryam revêtirent leurs plus beaux habits et se rendirent à la mosquée pour la prière de l'Aïd. Durant son prêche, l'imam expliqua la signification de l'Aïd et les bienfaits du Ramadan. Il incita les fidèles à poursuivre leurs bonnes actions, au-delà du mois de Ramadan.

Lorsqu'ils rentrèrent à la maison, la mère servit quelques-unes des délicieuses friandises qu'elle avait préparées la veille. Quelque temps plus tard, des amis et des voisins leur rendirent visite pour leur souhaiter une bonne fête de l'Aïd.

Ensuite, après la prière de l'Asr, Baba emmena Asad et Maryam dans un hôpital proche, où ils distribuèrent des cadeaux à des enfants malades.

« Baba, pourquoi donnons-nous des cadeaux aux enfants malades ? », demanda Maryam, triste de voir tant d'enfants passer l'Aïd à l'hôpital.

« Ma chérie, l'Aïd est un jour de fête. Nous recevons de nombreux bienfaits de la part d'Allah, alors nous devons Le remercier en redistribuant un peu de ce qu'Il nous a donné aux autres ! ».

Sur le chemin du retour, Maryam aperçut une petite fille qui avait chuté de son vélo. « Baba, arrête-toi ! » cria Maryam. Elle se précipita, aida la petite fille à se relever et lui dit : « Oh, ma pauvre, ne pleure pas. Tiens, prends mon bracelet. Il est joli et il t'aidera à te sentir mieux ! ». La petite fille regarda le joli bracelet et gloussa, serra Maryam dans ses bras et courut vers sa mère.

« Baba, je me sens si heureuse dans mon ventre », dit Maryam, et tout le monde se mit à rire de cette remarque amusante de Maryam.

CONCLUSION

Nous espérons que vous et vos enfants aurez apprécié les histoires de ce livre, et que vous pourrez tirer profit des nombreux enseignements qu'elles contiennent. Si Allah le veut, ces histoires généreront d'autres discussions à la maison, et contribueront à faire du mois de Ramadan un mois d'apprentissage, pour enrichir votre connaissance de l'Islam.

Nous espérons que ces histoires permettront aux enfants de tirer des leçons importantes et utiles, pour tous les jeunes musulmans qui grandissent dans diverses sociétés à travers le monde. Surtout, n'hésitez pas à revenir sur chacune d'entre elles, tout au long de l'année, pour suivre l'évolution en matière de compréhension et d'apprentissage.

Perpétuer l'esprit du Ramadan, même quand celui-ci est terminé, est un facteur essentiel pour avancer dans sa religion et devenir un meilleur Musulman. C'est pourquoi nous espérons que ce livre sera une formidable opportunité pour tous les lecteurs, jeunes et moins jeunes, de s'attacher aux enseignements de l'Islam et de les adopter comme mode de vie.

N'hésitez pas à partager ce livre avec d'autres personnes qui pourraient en bénéficier. Un livre d'histoires est un excellent cadeau pour l'Aïd et il est particulièrement approprié pour les nouveaux parents, qui cherchent peut-être à constituer une bibliothèque de livres éducatifs pour leurs enfants. N'hésitez pas à laisser des avis en ligne ou sur les réseaux sociaux pour nous dire ce que vous en avez pensé – cela sera grandement apprécié – et cela permettra de le faire découvrir à d'autres.

Qu'Allah (SWT) vous bénisse, vous et vos familles, pour une merveilleuse année à venir, jusqu'à ce que nous nous retrouvions au prochain Ramadan, in cha Allah !

Printed in France by Amazon
Brétigny-sur-Orge, FR